자아들

숨 시리즈 10

자아들

홍예지

작가의 말

읽으며 건넌 시간과
그리며 태운 시간과
글쓰며 살아 낸 시간이 여기에 있다.

나는 저기에 있다.

2024년 봄
홍예지

차례

작가의 말 5

1부 나를 살린 책 9
2부 오늘 그린 그림 - 드로잉 에세이 63
3부 자아들 137

1부
나를 살린 책

진은영, 『나의 친구』

당신은 내게 가르쳐 주었다. 나는 나를 온 힘을 다해 아끼고 사랑해야 한다는 것을. 나만을 위해서가 아니라, 당신과 함께 지켜 나가야 할 가치를 위해서. 우리가 상상하고 만들어 볼 새로운 세계를 위해서. 우리는 지금 그 어떤 대의명분을 위한 희생을 말하는 게 아니다. 서로의 일상을 보듬는 우정, 미시적인 상호작용을 통해 작동하는 안전망을 말하고 있는 것이다. 진정 사람을 살게 하고 영혼을 확장하게 만드는 교류는 가능한가? 누군가가 끊임없는 자학의 굴레와 어두컴컴한 터널에서 빠져 나와 빛을 보게끔 이끄는 힘은 어디서 오는가? 충만한 자기 사랑의 생명력에서 흘러나와 온 세상을 부드럽게 적시는 물줄기는 어떻게 생겨나는가? 나는 당신을 만난 이후로, 이 모든 물음을 구체적으로 던지는 법을 배우기 시작했다. 허황된 구호들이 아닌, 나를 살리고 당신을 살리는 이야기. 지금, 여기에서 출발하여 더 넓은 세상으로 뻗어 나가는 이야기. 존엄을 지키며 떳떳이 존재할 수 있도록 지탱하는 이야기. 우리는 그런 이야기들로 관계의 매듭을 묶고 앞으로 나아간다. 외롭지 않게, 씩씩하게, 아름답게. 그 어떤 막연한 시간이 아닌, 오늘을 산다.

   친구로부터 전해 받은 시를 필사해 보았다. 함께하는 나의 친구들, 사랑하는 나의 친구들을 하나하나 떠올리며. 나는 건강하게 오래오래 살고 싶다. 당신들의 환한 웃음을 계속 보고 싶기 때문에. 우리 앞에 펼쳐질 길이 기대된다. 진심으로. (2020)

이도형, 『처음부터 끝까지: 다 카포 알 피네』

이번 생에 내가 들을 수 있는 유일한 음악은 당신에게서 온다. 눈빛, 흔들리는, 몸짓. 솟구치는, 울음. 당신의 수줍은 어깨 선 따라 천천히 잦아드는 떨림을 오래도록 기억한다. 그 자리 그대로, 숨 멎을 듯 고요한 한 점 순간 속에서, 영원히 살아 있는 사랑을 느낀다. 문득 궁금하다. 당신과 내가 같은 속도로 걷는다면, 몸이 엉겨 붙어 있지 않아도 늘 함께할 수 있을까. 저 멀리, 보이지 않는 우주 어딘가에서, 우리는 끝나지 않는 춤을 출 수 있을까. (2020)

군터 게바우어·크리스토프 불프 『미메시스』

고대에서 현대까지 '미메시스' 개념의 변천사를 풀어내면서 사회적 행동, 의례, 제스처, 놀이, 예술에서 발현되는 인간의 창조성을 다각도로 분석하는 책이다.

인간은 이미 언제나 세계 속에 던져져 있는데, 주어진 현실을 수동적으로 받아들이는 데 그치지 않는다. 오히려 자기만의 고유한 형식을 부여하면서 자신을 둘러싼 세계에 능동적으로 응답한다. 이때 인간이 기존 세계를 토대로 생성해 낸 미메시스적 세계는 '닮음'의 세계이자 '다름'의 세계다. 모방 행위를 통해 우리가 처한 현실의 본질이 다시금 드러나고, 그와 동시에 미처 발견하지 못한 가능성들이 두 손 안에서 펼쳐지기 때문이다.

   인간은 어떤 식으로든 자신이 살아가는 세계에 의도적으로 개입하고, 의미를 부여하고, 바라는 대로 이루어지도록 세계를 바꾸어 나간다는 점. 이 사실 자체는 새롭지 않지만, 점점 더 '다른 나', '다른 세상', '다른 삶'을 꿈꾸기 어려워지는 현실에서, 우리에게 새로운 세계를 건설할 힘이 있다는 통찰이 그 어느 때보다도 귀중하게 다가온다. 물론 이 힘을 무엇을 위해, 어디에, 어떻게 쓰느냐가 관건이지만. (2020)

윤미애, 『발터 벤야민과 도시 산책자의 사유』

누군가 "지금, 여기, 왜 벤야민인가?"라고 묻는다면 나는 말없이 이 책을 건넬 것이다. 벤야민의 생애와 사상을 다룬 책들이 이미 많이 나와 있는 상황에서, "조금이라도 다른 벤야민을 보여주는 것은 가능할까?"라고 묻는 저자. 이 책은 그 답을 '산책자의 사유'에서 찾는다. 그리고 나는 여기에 동의한다. 표지를 보면 뚜벅뚜벅 걷는 벤야민의 몸 위로 지도가 드리워져 있는데, 그의 통찰이 우리가 사는 세상의 혈관 속을 유유히 흐르고 있다는 느낌이 든다. 방대한 저작들을 관통하는 시의적절한 키워드를 설정했다는 점, 한 인물을 아주 꼼꼼히, 다각도로 읽어 온 사람만이 쓸 수 있는 문장이 곳곳에서 발견된다는 점, 그 시간과 노력이 한 줌의 새로운 인식을 불러오고 머릿속을 상쾌하게 뚫어 준다는 점. 이런 이유들로, 나 역시 벤야민을 공부하는 사람으로서 신뢰할 만한 좋은 가이드를 만났다고 생각한다. (2020)

아를레트 파르주, 『아카이브 취향』

18세기 파리의 형사 사건 아카이브를 연구하는 아를레트 파르주는 엄청 독특하고 매력적인 저자다. 나는 오래전 파리에서 일어났던 범죄들, 사건에 연루된 무명인이 남긴 혼란스러운 진술에 관심 있는 사람이 아니다. 그런데 왜 이렇게 쑥 빨려들어가는 걸까? 어떻게 수 세기 전 낯선 도시의 역사가 2020년 서울에서 살아가는 한 여성 독자에게 유의미하게 다가올 수 있는 걸까? 그건 아마도 '아카이브 취향'이라는 괴짜 같은 취향을 저자와 내가 깊이 공유하기 때문일 것이다. 거기에 역자가 비밀스럽게 추가한 제3의 인물, 발터 벤야민과의 연관성까지. 모든 것이 잘게 조각난 세계, 진실과 거짓이 뒤죽박죽 섞여 있는 방대한 저장고, 결국 말이 되지 못한 말과 발화자조차 효력을 가늠할 수 없었던 말들이 풀려 나오는 구멍. 이런 아카이브에 서식하면서 실제의 몸들이 제거된 자리에 다시 한 번 목소리를 되돌려 주려는 사람이 있다. 이 끈질긴 발굴 작업을 통해서라면, 이전까지와는 다른 방식으로 타자와 '대화'라는 걸 시도해 볼 수 있을까? (2020)

김상애 외 5인, 『페미니즘의 고전을 찾아서』

당신과 내가 어디에 서 있는지 자각해야 한다. 우리가 발 딛고 선 공통의 토대, 즉 생명의 탄생-성장-소멸이 이루어지는 자연적 토대를 인지하면서도, 서로 다른 사회적, 정치적, 경제적 환경이 빚어낸 차이와 다양성을 존중해야 한다. 지금 필요한 건 자연/문명, 자연/합리, 여성/남성이라는 오래된 이분법에서 탈피하는 것이다. 또한 이윤과 효율을 극대화하기 위해 모든 것이 조각난 이 세계에서, 다시 연결의 감각을 회복하는 것이다. 자연을 더 오래, 잘 써먹기 위한 생태주의가 아닌 생태주의, 대체 가능한 기계적 노동이 아닌 노동은 어떻게 가능한가? 한편, 생물학적 여성이 자궁-기계로 축소, 환원되지 않으면서 출산과 탄생의 기쁨을 오롯이 긍정할 수 있으려면 어떻게 해야 하는가? 이 모든 문제를 회피하고 살아가기엔 우리는 너무 암담한 세상에 살고 있다. 그저 무력하게 가만히 있을 수는 없겠다. (2020)

장영은, 『쓰고 싸우고 살아남다』

힘주어 부르는 이름들: 마르그리트 뒤라스, 도리스 레싱, 버지니아 울프, 시도니 가브리엘 콜레트, 프리다 칼로, 앤 카슨, 실비아 플라스, 제이디 스미스, 에밀리 디킨슨. 루스 베이더 긴스버그, 크리스타 볼프, 마거릿 애트우드, 글로리아 스타이넘, 수전 손택, 에밀리 브론테, 토니 모리슨, 나딘 고디머, 가네코 후미코. 박경리, 헤르타 뮐러, 이사벨 아옌데, 이자크 디네센, 제인 구달, 이윤리, 제인 제이콥스. 독보적인 별들이 한데 모인 아름다운 성좌. 나는 이 밤하늘을 품고 평생 글을 쓰며 살아갈

것이다. (2020)

벨 훅스, 『올 어바웃 러브』

솔직히 재미없고 진부하다고 생각하면서 설렁설렁 책장을 넘겼다. 그런데 다시 마음을 고쳐 먹고 보니까, 정말로 진부한 것은 사랑의 본질이 아니라 사랑이 부재하는 현실이었다. 나도 알 건 다 안다고 착각하면서 오만하게 굴었던 과거의 모습, 그리고 그런 나 때문에 상처받았을 사람들을 하나하나 떠올린다. 아프고, 괴롭다. 하지만 한편으로는 이렇게 회고적으로 얘기할 수 있게 된 지금에 감사한다. 가슴에 구멍이 뻥 뚫려 버린 사람들끼리 만나 서로에게 더 큰 구멍을 남기는 관계가 얼마나 많은

지 잘 알기 때문에. 이제는 그런 관계를 반복하지 않기로 결심하고, 나부터 단단한 사람으로 다시 태어나려고 노력한다.

 '그럼에도 불구하고'라는 말 뒤에 올 수 있는, 정말 몇 안 되는 소중한 가치들을 꼽자면 사랑은 가장 중요한 위치를 점할 것이다. 서로의 영적 성장을 돕는 관계. 그런 관계는 단순히 관성이나 즉흥적인 느낌으로는 구축할 수 없다. 다른 존재와의 만남 속에서 자아를 개방하려는 의지와 선택, 그리고 이에 기반을 둔 행동이 모두 요구되기 때문이다. 이런 말이 추상적으로 들릴 수도 있겠다. 하지만 살면서 단 한 번이라도, 어떤 인연이 강력한 동기가 되어 더 나은 사람이 되고자 왕성하게 노력했던 적이 있다면, 이 말은 말뿐이 아니라는 사실을 체감할 것이다. (2020)

에이드리언 리치, 『공통 언어를 향한 꿈』

오늘 읽은 곳까지 적어 내려간다. 후루룩 읽는 대신 자꾸자꾸 멈춰 부단히 옮겨 적고 싶은 시들로 가득하다. 팽팽하게 장전된 말들, 총알이 되어 꽂히는 말들, 구체적인 아픔에서 출발하여 공통 언어로 나아가는 꿈의 화살들. 여태까지 알아 왔던 것과는 '다른' 사랑의 가능성들.
(2020)

피터 지나, 『편집가가 하는 일』

무려 550페이지에 달하는 책인데 너무 재밌게 읽고 있다. 놀라운 흡입력. 이 책 편집자의 말을 빌리면 "내가 아는 한 출판계에서 가장 똑똑한 사람들과 편집에 관한 고찰을 주고받는 과정에서 이 직업에 대한 낙관주의는 도리어 강화되었다"는데, 나도 곧 그렇게 될 것 같다. 비관적이 될 만한 수십, 수백 가지 이유를 제치는 단 하나의 불꽃, 그건 사랑이다. 저자와 편집자와 독자의 연결에서 증폭되는, 훌륭한 글에 대한 무한한 신뢰와 기대다. 존경할 만한 선배들을 많이 만나고 졸졸 따라다니면서 몸으로 배워야겠다. 무엇보다 좋은 책을 지금보다 훨씬 많이, 자주 읽어야겠다고 다짐한다. 사실 그 길밖에 없는 것 같다. (2020)

강성은 외 87인, 『어느 푸른 저녁』
(기형도 『입 속의 검은 잎』 발간 30주년 기념 시집)

훌쩍 떠나는 겨울의 등 뒤로 수줍게 번져 오는 봄 물감. 미지근한 바람이 가볍게 귓가를 스치고, 몸 구석구석에 얼어 있던 낡은 감정들은 투명한 물줄기로 녹아내린다. 창가에 걸어 둔 드림캐쳐에 가느다란 실처럼 엉켜 있는 검고 끈적끈적한 기억들. 그 덩어리들을 더듬으며 춥고 쓸쓸했던 날들에 작별을 고한다. 이제 다시, 한동안 봄일 것이다. (2020)

헤르만 헤세, 『페터 카멘친트』

구름에 대한 동경, 미지의 아름다움을 향한 떨림, 자기 몫의 고통을 감내하며 아로새겨지는 삶의 무늬들. 오늘은 금빛 태양과도 같은 눈동자, 단단한 이마, 열린 가슴을 가진 페터 카멘친트의 일평생을 따라가 보았다. 이 '영원한 아이(eternal child)'는 늘 불멸의 사랑과 순수한 우정을 찾아 세상 이곳저곳을 떠돌지만, 결국 그 모든 방랑이 자기 내면의 시를 일깨우기 위한 시행착오였음을 깨닫는다.

 '카멘친트' 라는 성을 가진 이들이 모여 사는 작고 허름한 동네. 페터는 언제나 그곳을 떠나기를 갈망했고 또 실제로도 오래 떠나 있었다. 그러나 타지에서 어떻게든 마음의 집을 꾸려 보려고 해도, 이방인의 운명을 피하지는 못한다. 간혹 인연 속에서 친밀감을 느끼기도 했지만 말이다. 그러다가 마지못해 되돌아온 고향에서 비로소 진짜 이야기를 써 내려갈 결심을 한다. 낡은 서랍 속, 오랫동안 잠들어 있던 시인의 노래가 드디어 기지개를 켜는 순간. 화려한 시절은 영영 가 버렸지만, 권태와 허무 끝에 찾아온 새로운 활력은 페터의 문학에 아름다운 운율을 불어넣어 줄 것이다.

높이 솟아오르고 산산이 부서지기를 반복하는 파도처럼, 그 물결 위에 고요히 드리워지는 빛의 베일처럼, 삶은 지나갔으나 잊을 수 없는 것들을 불러모은 한 편의 영상으로 남는다. 담담하게 흘러가는 한 사람의 인생 속에서, 나 역시 삶의 조각들을 하나하나 떠올려 보았고, 그러는 동안 슬픔과 기쁨이 뒤섞인 미묘한 평온을 느낄 수 있었다. 그저 아름답다고 말할 수밖에. 당장 몇 시간 뒤, 며칠 뒤, 몇 년 뒤의 일을 알 수 없지만, 앞으로 조바

심 내지 않고 살아갈 수 있을 것 같다. (2020)

줄리엔 반 룬, 『생각하는 여자』

각 장의 질문들은 지금 내 삶을 구성하는 절실한 물음이어서, 신간 훑을 때 바로 장바구니에 담았다. 사랑: "어떤 사람으로, 어떤 사람과 함께 살아갈 것인가?" 놀이: "우리에게 놀이를 허락하지 않을 이유가 있는가?" 일: "어떻게 스스로를 팔지 않고 일할 수 있는가?" 두려움: "여성은 두려움이라는 오랜 그늘에서 벗어날 수 있는가?" 경이: "남성중심사회는 어떻게 여성의 배움을 억압했는가?" 우정: "왜 흔들림 속에서 우정을 사유해야 하는가?"

저자는 이 키워드를 가지고 각각 로라 키프니스, 시리 허스트베트, 낸시 홈스트롬, 줄리아 크리스테바, 로지 배티, 헬렌 캘디콧, 마리나 워너, 로지 브라이도티와 함께 대화한다. 여기서는 '함께'라는 말이 중요하다. 이 사상가, 철학자들을 '따라서' 생각하는 게 아니라 그들과 함께 토론하며 자기의 생각을 정립해 나가기. 책 제목이 '생각하는 여자'인 것처럼, 철학은 '생각'이라는 명사가 아니라 '생각하다'라는 동사, 즉 행위로 이해되어야 하지 않을까? "철학은 폐쇄되고 격리된 회랑이어야 할 이유가 없다. Y염색체와 엘리트만을 위한 공간이어야 할 이유가 없다. (…) 철학이란 넓게 보자면 세상사(things)의 의미를 찾는 기술이다."(p.13)라는 저자의 말에 깊이 공감한다. 우리의 일상을 가꾸고, 내 몸과 마음의 건강을 지키고, 의미와 재미와 활력이 있는 삶을 살아가기 위해서 꼭 필요한 기술이 철학이다. 기술은 써먹지 않으면 소용이 없다. 죽은 활자는 실제로 사람을 살리지 못한다. 삶의 생생함을 텍스트에 불어넣고, 텍스트의 생명력을 삶에 스며들게 하는 것, 이 양방향의 호흡을 함께

할 친구들을 평생 찾고 싶다. (2020)

데보라 넬슨 , 『터프 이너프』

하루에 한 사람씩 만나기. 진실 속에서 단호하고 아름다운 글을 써 내려간 작가들. 무자비한 폭력에 희생된 생들의 몸부림과 핏빛 울음을, 값싼 동정과 연민으로 퉁치고 넘어가지 않으려면 어떻게 해야 할까. 오늘은 시몬 베유가 펼쳐 보이는, 고통스러울 정도로 선명한 세계로 초대 받았다. (2020)

황인찬, 『사랑을 위한 되풀이』

영화를 만들면 좋겠다는 생각을 했다. 별다른 배경음악은 없이, 달그락달그락 그릇 씻는 소리, 물소리, 새소리, 가끔 한두 마디 중얼거리는 연인의 목소리, 터벅터벅 타닥타닥 탁, 발소리. 이런 것들로만 엮어 가는 영상시 한 편은 어떨까. 특히 「사랑과 자비」를 읽을 땐 뜨거운 여름과 차가운 겨울을 한 장면씩 교차 편집한 영상이 머릿속에서 반복 재생됐다.

 더 이상 지겹다는 느낌도 들지 않을 만큼 되풀이되는 삶. 너무 오래되어 기억과 망각의 구분조차 무의미한 현재. 무한 루프에 갇힌 채 공간을 떠도는 생령들의 이야기. 이 낯설고 친숙한 세계에서, 어쩌면 사랑은 자동인형-기계(automaton)일 수도 있겠다. (2020)

박시하, 『무언가 주고받은 느낌입니다』

당신을 결코 해치지 못하는 목소리, 고독의 장막을 찢지 못하는 울음소리가 낮게 깔린다. 당신이 떠난 뒤에야 사랑이었다고 말할 수 있는 장면 속에서, 우리는 느리게 춤을 춘다. 흩어지는 연기에 섞여 사라지는 공동의 꿈. 영원을 향해 날아오르다 흙탕물에 곤두박질치는 날개. 언젠가 소멸할 모든 것에게 나는 아름답다 말하고, 그런 내게 당신은 희미한 웃음을 보이며 뒷걸음질 친다. 이런 일은 흔하고, 그래서 자꾸 마음이 쓰이는 이야기. 당신과 내가 무언가 주고받은 느낌입니다. (2020)

박은정, 『밤과 꿈의 뉘앙스』

생선 살을 발라내듯 텍스트에서 먹고 싶은 문장만 살살 골라내는 일에는 피로감이 뒤따른다. 소량의 죄책감과 함께. 무엇을 읽든 그 순간 새로운 세계가 하나 태어나기 마련인데, 나는 사사로운 욕심에 눈이 멀어 매번 그 세상을 산산조각 내 버리는 건 아닐까. 하지만 어쩔 수 없다. 모든 책 읽기는 허무 속의 절실한 탐색이라서, 탐욕스런 손끝에 번져 오는 의미만이 독자의 오늘을 무사하게 만든다. 조금은 강박적으로, 집착에 가까운 독서 생활을 이어 오고 있는 나로서는, 아무것도 눈에 들어오지 않을 때 시집을 찾게 된다. 그냥 눈 감고 쉬는 게 나을 수도 있는데, 오기로 처음부터 끝까지 책장을 넘기다 보면 시선이 멈추는 자리가 반드시 있기 마련이다. 그럴 때마다 안도감 혹은 희열을 느낀다. 이번 시집은 표제작보다도 다른 시들의 소소한 표현에 이끌려 끝까지 읽어 나갈 수 있었다. 나는 시에서 간결함을 기대하는 독자라서 끝없이 늘어지고 뚱뚱해지는 연들을 못 견디는 편인데, 이 시집에서도 특히 빛나는 구절들은 압축미가 돋보이는 이미지들로 갈무리되었다. 예를 들면 '핏방울'이나 '고갯짓', '방 한 칸'이나 '걸음걸이', '뒤돌아보는 몸짓' 같은 것. (2020)

욘게이 밍규르 린포체, 『티베트의 즐거운 지혜』

방 한구석에 있던 책을 다시 집어든다. 무심한 손길로 탁 펼쳤을 때 나오는 페이지를 읽는다. 오늘 내게 찾아온 우연은 언제나 필연이다. 지금 필요한 목소리가 제때 들려온다. "밀려들었다 빠져나가는 바다의 움직임처럼 휴식하라." 이 문장 하나면 됐다. 뒤에 필사한 글귀들도 물론 소중하지만, 내 마음속에 이미 바닷가가 펼쳐졌으므로 충분하다. 오고 가는 생각들, 솟아오르는 감정들, 잠시 스치는 느낌들을 있는 그대로 바라보면서 물결에 몸을 맡길 것이다. 시계의 초침이 아니라, 내 안의 자연이 움직이는 흐름에 따를 것이다. 그럴 때 나는 비로소 자유롭겠지. 잠시나마 편안하겠지.

 가끔 자면서도 생각이 들릴 때가 있다. 문자 그대로 소리가 들린다. 완결된 문장 단위로, 누군가 녹음한 내레이션처럼 목소리가 재생되는데, 이 감각이 너무 생생해서 잠에서 깨기도 한다. 아무래도 낮 동안의 고민들이 무의식에서 계속 이어지는 모양이다. 잔잔하고 예의 바른 음성이라 거슬리지는 않는데, 몸 구석구석에 밀려왔던 잠 기운이 싹 달아나게 만드는 힘이 있다. 불을 켜고 안경을 다시 쓰고 책상에 놓인 연필과 공책을 바라본다. 갑자기 쓸쓸해진다. 누가 괴롭히지 않아도, 밀어붙이지 않아도 나는 쉬지 못한다. 일이 많아서 그런 게 아니라 걱정이 많아서 그렇다. 근심이 마음을 무겁게 누르고 주의를 분산시키면 자연히 일의 효율도 떨어지기 마련이다. 하고 싶은 일을 잘 해내고 스트레스도 덜 받으려면, 평소에 의식을 푹 쉬게 해 주는 것이 중요하다. 내게 명상은 옵션인 줄 알았는데 아니었다. 숨 잘 쉬고, 잘 바라보고, 잘 비우는 훈련을 매일같이 해야겠다. 건강하

게 살기 위해. (2020)

메리 파이퍼, 『나는 심리 치료사입니다』

마음에, 몸 구석구석에 옹이가 가득하겠지. 나도, 당신도, 저기 고개를 숙인 채 무거운 발걸음을 옮기는 사람도. 단순히 개인 차원의 문제로 환원할 수 없는 아픔들이 고였다가 흘러넘쳤다가 자주 썩기도 하는 세상의 한가운데. 우리가 만나 감히 희망을 이야기할 수 있으려면, 무엇보다도 섬세한 균형 감각과 건강한 직관이 필요하다는 사실을 되새긴다. (2020)

이수정, 『나는 네 번 태어난 기억이 있다』

소멸의 밤, 깜박이며 지나가는 마지막 사랑. 모든 휘어진 선은 당신의 눈매, 당신의 입꼬리. 잊을 수 있을까. 아니, 잊지 않을 수 있을까. 부질없이 묻다가 질끈 감아 버리는 두 눈. 오늘, 바스락거리는 말들을 가라앉히는 대신에 그림 하나를 얻었다. 나는 그 풍경을 오래도록 간직할 것이다. (2020)

최현우, 『사람은 왜 만질 수 없는 날씨를 살게 되나요』

만질 수 없는 날씨를 살고, 만난 적 없는 이를 기다린다. 태어나지도 않은 고향을 그리워하고, 처음 가 본 여행지를 지루해한다. 스스로 온전히 사랑한 적 없는 나를, 나도 모르는 누군가가 사랑해 주기를 바란다. 살아 본 적 없는 삶을 죽음과 맞바꾸려 하고, 죽어 본 적 없는 죽음을 삶에 떠넘기려 한다. 사람은 왜 그런 순간을 살게 되는 건지. 하나도 모르겠는데, 또 왠지 다 알 것 같은 기분이라 울적해지는 밤. 다들 안녕하신가요. (2020)

김혜순, 『죽음의 자서전』

죽음도 있음(有)인가 보다. 이번 생에서 다음 생까지의 49일, 그 사이, 중유(中有)에는 죽음이 펜을 들어 일기를 쓴다. 얼음장 같이 시린 검은 잉크로, 비린내 퍼지는 붉은 피로. 하루하루 흐를수록 끈적거리던 감각은 점차 묽어지고 풀어진다. 고통으로 얼룩져 있던 얼굴은 말갛게 떠오른 보름달이 된다. 마흔아흐렛날, 회오리바람 속에 섞여 우우우- 전 생애의 울음과 웃음을 미친 듯이 쏟아내며 날아가기 전까지. 남은 자들이 그리워하고 슬퍼하고 미워하고 안타까워하고 우스워하고 망연히 있는 동안, 망자(亡者)는 진정 또 한 번의 생을 살아 내고 있었던 것이다. 도대체 뭘까, 삶과 죽음은. 내가 속속들이 알고 있는 몸과 전혀 느끼지 못하는 몸, 내가 기억하지 못하는 어제와 내가 살아 보지 못한 내일은 어떻게 지금 여기, 한 점에 다 모여 있는 걸까. 고통과 죽음만큼 고독한 것이 있겠냐는 시인의 말에서, 나는 다시 한 번 속으로 운다. 고독만이 영원히 고갈되지 않는 시(詩)의 원천임을, 이제 나는 안다. (2020)

미할리스 피힐러, 『출판 선언문 출판하기』

독립적인 예술 실천이자 사회적 작업으로서 출판의 의미를 고민하고 있다. 책이라는 전통적인 매체를 넘어, 새로운 맥락 만들기로서 확장된 의미의 출판에 참여하는 행위는 어떤 가능성을 품고 있는가. 앞으로 나는 예술가로서, 예술가와 함께, 예술가를 위해 어떤 출판을 지향할 것인가. 2018년 1월에 출판사 아름다움을 열면서 선언했던 여러 갈래의 프로젝트들이 아직 씨앗 단계에 머물러 있는 현 시점에서, 내가 운영하고 있는 이 조그만 출판사의 구체적인 비전을 근본적으로 다시 생각할 필요를 느낀다. 나는 어디에 있고, 어디로 가기를 원하는가, 누구와 어떻게 함께해야 하는가. 어디로 튈지 모르는 다양한 관심사와 목소리, 동시대의 예술 실천들을 어떻게 출판으로 엮어 갈 것인가. 미할리스 피힐러의 『출판 선언문 출판하기』는 이런 고민의 한복판에서 집어 든 책이다. (2020)

카르멘 G. 데라쿠에바, 『엄마 나는 페미니스트가 되고 싶어』

감히 말하지 못했던 사건들이 내 안에, 당신 안에 여전히 남아 있다. 여성으로서 살아가는 것 자체가 모순을 끌어안고 폭력적인 현실을 통과하는 일이다. 자신의 정신과 신체에 가해지는 위협을 충분히 알지 못한 수많은 여성이 소리 없이 고립되어 무너져 갔다는 사실을 아프게 생각한다. 일곱 살의 나, 열일곱 살의 나, 스물일곱 살의 나 또한 도저히 스스로 설명하거나 이해할 수 없었던 고통을 겪고 여기에 와 있다. 이 책의 저자가 위기의 순간마다 기둥처럼 붙들었던 여성 작가들의 목소리가 내게 용기를 불어넣고 상처를 보듬어 준다. 나를 앞서간 여성들, 내 옆에 있는 여성들, 내 뒤에 올 여성들을 위해서 오늘부터 치열하게 읽고 쓰고 듣고 말하는 삶을 살기로 결심한다. 이야기와 글로 생겨난 연결이 나를, 당신을, 우리를 살릴 것이라 믿으며. (2020)

델핀 드 비강, 『충실한 마음』

마음의 거리두기가 안 돼서 읽는 중간중간에 자꾸 멈춰야만 했던 이야기. 그럼에도 이 책을 끝까지 읽을 수밖에 없었던 이유는 엘렌과 세실, 테오와 마티스가 바로 나였기 때문이다. 나는 허구 속을 흘러다니지 않았다. 내 안의 검은 돌, 여전히 삶의 밑바닥에 꿈쩍 않고 놓여 있는 기억 덩어리를 직시하고자 했다. 진실은 애초에 감동을 위한 것이 아니며 고통스럽다. 하지만 그 고통만이 진짜 나를 이야기하며, 도무지 이해할 수 없었던 것을 이해하도록 촉구한다. 진실로 그렇다.

그저 무언가를 필사적으로 지키고자 했던 마음이 오히려 지독한 파괴와 소리 없는 죽음을 불러오는 역설. 삶이 지속되기 위해서는 그런 딜레마를 끌어안을 수밖에 없는 것일까. 모든 불행의 찌꺼기를 그러모아 불태우고, 어떻게든 다시 시선을 고정시킬 무언가를 찾아 나서야만 하는 것일까. 유년에 엉켜 버린 실타래를 쥐고, 지독하게, 연민도 후회도 없이 자신을 추스르며 살아가야 하는 것일까. 어찌 됐든 나도, 당신도 가족이라는 가장 복잡하고 미묘한 관계망에서 자유롭지 못하다. 이 가혹한 현실에서, 우리는 각자의 문제를 속 시원하게 해소할 수는 없을지라도, 나와 닮은 누군가의 눈빛에 서려 있는 말 없는 아픔을 섬세하게 읽어 낼 수 있을지도 모른다. 부디 이 능력이 쓸모 있기를, 우리가 자기를 가두고 타인을 가두지 '않는' 방향으로 손을 뻗을 수 있게 되기를.
(2020)

천희란, 『자동 피아노』

무슨 말을 할 수 있을까. 시간을 잘게 부수며 공간을 가로지르는 흑백의 건반들. 오직 그 움직임이 끝난 직후에만 시작될 수 있는 이야기가 있다. 한 인간을 몸서리 치게 만드는 고통은 언제나 잉여이고 과잉이라서, 언어의 그물망 사이로 어김없이 쏟아져 내린다. 그 누구와도, 심지어 자기 자신과도 나눌 수 없는 고독은 증언을 통해 풀려 나오고, 이때 말과 글은 누군가를 설득하기 위한 것이 아니다. 무력한 진실 앞에서, 진실 앞에 무력한 일개 인간으로서, 삶과 죽음이 뒤엉킨 충동을 어떻게 온전히 겪어 내고 이해할 수 있을까. 끝없이 아프고 고요했다가도 일순간 격렬해지는 리듬 속에서, 오래 머물게 되는 오후다. (2020)

박소란, 『한 사람의 닫힌 문』

한 사람의 세계로 들어가는 문은 아주 좁고, 아주 잠깐 열린다. 간혹 문틈 사이로 보이는 낯선 풍경에 사로잡힐 때, 나는 어떤 기대를 품고 있었나. 기대가 기다랗게 늘어져 너무 늦어 버렸을 때, '한 사람의 닫힌 문' 앞에 우두커니 선 그림자는 어떤 모양이었나. 실수처럼 저질러지는 사랑과 시도 때도 없이 헝클어지는 감정, 이 모든 것이 상관없다는 듯, 기어코 움직이는 시곗바늘. 달리의 그림처럼 어딘가 뒤틀리고 녹아내린 세계 속에서, 나는 당신과의 마지막 만남을, 그 초현실적인 순간을 붙잡는

다. (2020)

정혜윤, 『사생활의 천재들』

나의 오만함이 아프다. 눈이 부시게 아름답고 눈이 시리게 아픈 자연 앞에서. 생사(生死)의 한복판에서 그 어떤 존재도 우주의 법칙을 거스를 수 없다. 하지만 모든 삶과 모든 죽음이 동일한 성질을 띠는 건 아니다. 이제 나는 각 개체의 시작과 끝을 수식할 서로 다른 형용사들을 추측해 본다. 그리고 특히 가슴 아픈 죽음을, 기억해야 할 슬픈 죽음을 떠올려 본다. 이 글을 읽고 나니까 나의 말과 글이 너무나도 비루하게 느껴지지만, 지금 이 순간을 잊지 않기 위해 기록해 둔다.

사랑의 궤도에 올라타기. 영원한 움직임. 나는 당신의 자취를 좇아 당신에게로 향하는 여정을 떠난다. 매번 새롭게 출발하는 여행자의 마음으로. 당신은 나의 태양, 나는 당신에게서 태어난 우주의 행성. 우리의 세계가 끝없이 펼쳐지기를, 아낌없이 쏟아지는 빛들로 아름답게 출렁이기를 꿈꾼다. (2020)

키키 키린, 『그녀가 남긴 120가지 말』

글과는 또 다른 입말의 힘. 자신이 살아 본 삶에 대해서만 말할 수 있기에. 입을 열어 말하는 순간 내 안에서 흘러나오는 것들은 이미 내 것이 아니지만, 나는 그 모든 것에 진실로 책임을 져야 한다. 그동안 나는 좋은 글을 쓰는 사람이 되고 싶다고 생각했는데, 다시 생각해 보니 정확한 타이밍에 정확한 말을 하는 사람이 되고 싶고, 말하듯이 글을 쓰고 글 쓰듯 말하는 사람이 되고 싶다. 말과 글과 삶이 함께 가야 한다는 것, 그리고 무엇보다 일상을 제대로 사는 것이 중요하다는 것을 새기는

아침이다. (2020)

2부
오늘 그린 그림
- 드로잉 에세이

나 자신이 되는 길

"Now, with God's help, I shall become myself."
- Søren Kierkegaard

출발점으로 돌아와 다시 듣는다.
같은 자리인 것 같지만 아니다.
한 바퀴 돌아
다시 네게로, 내게로.
성장과 성숙의 곡선을 타고 가자.
빛의 세계로, 사랑의 세계로.

물론 그 길이 순탄하지는 않을 것이다. 우리를 두렵게 만들고 현혹하며 정신을 흐트러뜨리는 것들을 맞닥뜨릴 수 있다.

그러나 나는 걱정하지 않는다. 나는 두려워할 필요가 없다. 잡것이 나를 겁주도록 허용하지 않겠다. 끝없이 타오르며 밤을 밝히는 촛불이 우리를 지켜 줄 것이다. 그 빛은 은은한 불빛으로, 너와 함께 가는 이 길을 제대로 인도할 것이다.

스스로 변화할 줄 아는 존재, 죽음과 재생의 순환을 기꺼이 반복하는 존재는 강하다. 그 누구도 범접할 수 없다. 진정한 변화는 외부에서 외력으로 일어날 수 없다. 내부로부터, 자력으로 일으키는 변화만이 진정으로 존재를 자유롭게 한다. 나는 불사조로 태어나 불사조로 살아간다. 잿더미에서 살아난 신선한 불로 날갯짓하며 창공을 가를 것이다. 스스로 죽고 스스로 태어날 것이다. 정화는 그렇게 일어난다. 불순물과 찌꺼기를 활활 태워 가뿐해진 몸, 마음, 정신, 영혼으로 나 자신과 내가 사랑하는 존재들을 지킬 것이다. 사랑, 그것은 생과 소멸을 모두 받아들이고 기꺼이 다시 시작하는 것이다. 너와 내가 각자에게, 서로에게 또 한 번의 기회를 주는 것이다. 사랑은 빛을 내리고 물을 주며 성장을 촉진하는 에너지다.

나는 나를 사랑함으로써 너를 사랑한다. 너는 너를 사랑함으로써 나를 사랑한다. 우리는 영적 성장의 길을 간다. 따로 또 같이.

이 숙제는 계속될 것이다. 너와 내가 진정으로 자기 자신이 될 때까지. 우주와 건강하게 연결되고, 치유될 때까지. (2021)

나를 위한 글쓰기

 나는 왜 우울한가. 우울에 푹 잠겨 있는 사람이, 과연 이 상황에 대한 답을 스스로 찾을 수 있을까? 힌트는 아주 가까운 곳에 있었다. 아니, 바로 내 몸에 있었다.

 얼마 전에 한 작가를 알게 되었다. 그는 매일 두 손바닥을 하늘로 향하게 하고, 가장 햇볕이 잘 드는 쪽으로 몸을 틀어 태양 명상을 하는데, 명상을 통해 모은 빛을 다른 이에게 감각적으로 전해 주기 위해 작업을 한다고 했다. 실제로 그의 작업실에 가서 직접 본 회화와 도자에서는 연노랑 빛이 뿜어져 나왔다. 처음 방 안에 들어

섰을 때 눈가가 환해지는 느낌을 받았는데, 그 방에 몇 시간이고 머무는 동안, 서서히 빛이 많아지더니 온 방 안이 밝아지는 것을 목격했다. 그 광경을 바라보는 나 또한 그 광경 속에 푹 잠겨 있었고, 신선해진 공기의 흐름에 몸을 맡겼다.

그를 만나 얘기를 나누고 작업을 보게 되었던 며칠 전에 약간의 실마리를 얻었다. 내가 왜 우울한지, 그동안 왜 그렇게 눅눅하고 어두운 곳에 머물러 있었는지. 동시에, 왜 머리가 늘 뜨겁게 데워져 두피가 벗겨져 나갔는지. 나는 전체로 살지 못하고 부분으로 살았던 것이다. 머리로만 살고 몸으로 살지 못했던 것이다. 이성의 강박으로 감성을 억압했던 것이다. 남성의 이데올로기로 여성의 권능을 부인, 부정하거나 말소하려 했던 것이다. 자궁을 없는 셈 쳤던 것이다. 그래서 펄펄 끓는 생의 에너지를 단 한 줌도 쓰지 못하고 고갈되어 버렸던 것이다. 극히 일부분의 나를 데리고, 감히 무리수를 두며 풍부한 생산을 하려 했다. 내가 바라는 삶, 창조하는 생활을 위해서는 내가 먼저 흘러 넘치는 상태가 되어야 했다. 세상을 온몸으로 느끼고, 세계 속의 다종 다양함에 나를 열어 두어야 했다. 그동안 내가 얼마나 좁은 폭으로 몸을 움직이고 있었는지 자각할 수 있었다. 스스로 검열하느라 바싹 타 들어 가는 마음으로, 생으로부터 아주 멀리 떨어져 있었다.

그 후, 며칠 동안 고민했다. 어떻게 하면 최상의 나를 실현할 수 있을까. 두려워서 들여다보지 못했던 거대한 빙산의 아랫부분을 어떻게 마주할 수 있을까. 나루토가 자신 안의 구미호를 진정으로 받아들여 진실로 강해지는 것처럼, 나는 나의 구미호에게 어떻게 기댈 수 있을까. 이런 질문을 끊임없이 던졌다. 그리고 어제 그 답을 엘렌 식수의 「메두사의 웃음」에서 찾았다.

글을 써라. 그대 자신을 위해서 써라. 여성으로서, 여성에 대하여 써라. 그대의 육체로, 대기 중으로 내던진 몸뚱이의 떨림으로, 그대만의 목소리를, 노래를 퍼뜨려라. 검은 어둠으로 남겨져 있던 대지를 드러내라. 그 광활한 대지가 품고 있는 생명의 활력을 글로 써라. 부정이 아닌 긍정으로 여성이 향유하는 바를 써라. 잘못된 방식으로 길들여진 소녀의 육체를 해방시켜라.

그렇다, 나는 글을 써야 하는 것이다. 그동안 글이라고 하면서 끄적인 것들이 있지만, 식수의 말처럼 숨어서 쓰거나 죽은 말, 내 말이 아닌 말로 썼던 것이 대부분이었다. 무엇보다도 내 이야기가 아니었다. 나는 단 한 번도 진실로 나에 대하여 쓴 적이 없다. 정확히는 여성인 나에 대하여(육체를 가진 나, 육체의 저주를 받은 내가 아니라), 그리고 내 안의 여성성과 더불어 내 안의 남성성에 대하여 쓴 적이 없다. 즉, 양성성의 글쓰기를 한 적이 없다. 언제나 여성을 죽이고, 남성의 언어를 가져와서 남성을 위한 의미를 조그맣게 긁어 넣는 데 그치고 말았다. 폐기해야 할 여성/남성의 이분법에 기대고 있는 것 아니냐는 비판을 받을 수 있겠지만(이 비판은 페미니즘 진영 안에서 식수에게 가해졌던 것이기도 하다), 나는 여기서의 여성/남성 구분이 종래의 이분법을 그대로 재생산하는 것이 아니라고 생각한다. 비판의 대상이 되는 건 여성/남성이라는 차이 그 자체가 아니라, 그 차이를 특정한 방식으로 규정하고 고착화한 다음, 지배/피지배의 근거로 활용한 역사적 구성물로서의 이분법 체계다. 식수는 바로 그 체계를 겨냥하고 부수기 위해 글을 쓴 것이다. 그는 그렇게 함으로써 그동안 질식당하고 말라 버린 여성(성)의 능력을 살려 내려고 했던 것이다.

나는 식수의 글을 읽고 따라 적으며 엄청난 전율을 느꼈다. 텍스트를 체화하는 동안, 놀랍게도 머리가 아니라 몸이, 그것도 가장 내밀한 곳이 팽창하면서 움직이는 것을 느꼈다. 놀라웠다. 그의 글에 담긴 충동, 활기, 열정, 생명력이 고스란히 내 몸에 실려 왔고, 내 안에 있던 고유한 힘을 깨워 공명하게 만드는 마중물이 되었다. 살아 있는 글이란 이런 것이구나, 절실히 느꼈다. 살아 있는 글은 쓰는 자를 살릴 뿐 아니라 읽는 자도 살린다는 것. 앞으로 내가 글을 쓸 때마다 기억해야 할 감각이다.

오랫동안 지속되어 온 부자유 상태를 단번에 깨뜨릴 순 없겠지만, 내가 직면하지 못했던 내 안의 어둠, 거대한 세계를 감지하고 감각할 수 있었기에 중요한 발걸음을 내디뎠다고 생각한다. 이 길로 쭉 가면서 즐거운 마음으로 나를 긍정하는 글을 쓰겠다. 이번 주에는 나의 우울이 섹슈얼리티와 깊이 관련된다는 걸 깨달을 수 있었고, 그 문제가 존재와 삶 전체를 다시 받아들이는 차원에 닿아 있다는 것을 배웠다. (2021)

나의 크리스털 포털

'우는 당신의 얼굴이 보였어요. 당신이 있는 세계는 너무 쓸쓸해서 오래 머무를 수 없었어요. 도대체 어떤 슬픔인가요? 가늠조차 되지 않는 슬픔에 잠겨, 당신은 차갑게 얼어붙은 수면을 걷고 있었어요. 맨발로. 금방이라도 툭, 쓰러질 것 같은 걸음으로요. 내가 본 광경을 입에 담을 수조차 없어요. 입술을 열기도 전에 내 눈에서 이슬이 떨어지는군요.'

나는 아무 말도 잇지 못한다. 내 작업실엔 당신의 자

화상이 놓여 있다. 그 그림이 수상하다. 포항 바다에서 토해 낸 태양이 눈동자로 박혀 있는 그림이다. 나를 정면으로 응시하지만, 동시에 내 뒤통수 너머를 보는 듯한 시선이다. 아득하고 아찔한 깊이의 눈빛이다. 가끔 그림 속 당신에게 말을 걸긴 했지만, 정말로 우리가 연결되어 있을 거라고는 생각 못 했다. 갑자기 미안해진다. 내 슬픔이 곧 당신의 슬픔이 되어 버린 것만 같아서. 물리적인 거리를 단 한 순간에 압축해 버리는 텔레파시, 어디서든 작동하는 송수신기라니. 경계 없는 만남은 축복일까, 저주일까? 당신과 나를 잇는 끈에 어떤 진동이 실리게 될까? 우리는 같은 시간에 같은 진통을 느끼게 될까?

당신의 이야기를 곱씹으면서 떠올린 이미지가 있다. 막을 찢듯 태어난 이미지다. 울고 있는 나를 어떻게 발견했을지 상상했다. 아마 당신이 있는 차원에 금이 가고, 곧 위아래로 길고 뾰족한 틈이 벌어졌을 것이다. 그 틈새로 창백해진 내 얼굴을 보았을 것이다. 눈물 방울이 떨어지는 즉시 얼어서 결정이 되고, 얼굴 전체가 단단하고 투명한 크리스털처럼 보였을 것이다. 당신은 고요한 광경에 숨죽이며 따라 울었을 것이다. 슬프기만 한 것은 아니고, 아름답기도 했을 장면. 그 장면 하나가 내 눈앞에 선연히 떠올랐다.

찢어진 색종이처럼 바닥에 널브러진 빨간 하트. 우느라 살짝 붉어진 뺨. 눈물 자국으로 얼룩덜룩한 얼굴과 대비되는 샛노란 화살표. 상승의 움직임. 번개처럼 쩍! 시공을 가르며 어디론가 날아가는 영혼의 잔상. 나의 아름다운 크리스털 포털. 가장 외로운 순간에 쏘아 올린 SOS.

당신을 생각하다 보니, 우주는 우리를 절대 홀로 남겨 두지 않는다는 사실을 깨달았다. 허무할 수도 있는 이 생에 다이빙할 때, 같이 뛰어들 누군가를 붙여 줬을 수도 있겠다. 당신과 나는 오직 자신의 몸으로 파도에 부딪치지만, 우리가 몸 담고 있는 바다는 같은 바다인 셈이겠지. 그래서 조금은 덜 외로울 수 있는 걸까? 신비로운 느낌의 세계 안에서. (2021)

날 선 날

버스를 타고 가는데 통증이 시작됐다. 나는 내 고통을 동작 하나로 선명하게 그려 본다. 날카로운 칼날이 양쪽 관자놀이를 뚫고 들어가 거침없이 혈관을 절개한다. 얼굴의 T존을 타고 피가 흐른다. 한두 방울 눈가에 맺히더니 멈출 줄 모르고 쏟아진다. 칼은 얼굴 중앙에 깊숙이 박힌다. 손잡이 끝은 정수리에 단단히 고정된다. 나는 옴짝달싹 못한다. 칼을 빼내려 하지도 않는다. 그저 받아들인다. 충혈된 두 눈을 부릅뜬 채로.

너무 큰 마음의 고통은 감각할 수조차 없다. 무감각,

무덤덤함은 내가 선택할 수 있는 상태가 아니다. 계속 살기 위해 몸이 자동으로 실행하는 방어 프로그램이다. 덕분에 오히려 차분해진 눈으로 상황을 관조한다. 그 어느 때보다 명료한 정신으로 판단하고 사고하기 시작한다. 여기, 내 안에 우뚝 선 칼은 용기 있는 결단을 상징한다. 오랫동안 나를 괴롭게 했던 관계를 단번에 끊어내고, 과거의 카르마를 해소하고, 거침없이 앞으로 나아가는 힘을 가리킨다. 평소에는 인지하기 어려운, 내면에 잠재된 힘이다. 이제 나는 잠들어 있던 전설의 칼을 뽑아 든다. 잔혹하지만, 영혼의 자유와 건강을 약속하는 길이 눈앞에 펼쳐져 있다.

운명은 시련이자 훈련이라서, 모든 위기를 배움의 기회로 삼는 자에게는 전혀 두려워할 필요가 없는 작용이다. 외부에서 닥쳐 오는 사건들은 내가 예측하고 통제할 수 없지만, 그 사건을 경험으로 변형하고 넘어설 수 있는 가능성은 언제나 내 손안에 있다. 그 진실을 외면하지 않는다면, 더 이상 꼭두각시처럼 놀아나지 않고 내 삶을 지킬 수 있다.

물론 용기를 내는 것이 쉬운 일은 아니다. 하지만 운명의 장난 앞에서 무너져내리는 것보다는 낫다. 매 순간, 진실로 나를 위한 결단을 내릴 수 있다. 나를 조각할 힘이 여전히 내게 있다는 사실을 기억하자. (2021)

강한 나비

공중을 유유히 날아다니는 나비가 아니라, 단단한 나무 토막에서 깎아 낸 나비를 상상했다. 조각도로 깊게 파 내려간 선은 나비의 윤곽을 지시하고, 얇고 넓게 저미 듯 나무를 떠낸 자리는 나비의 무늬가 되었다. 무엇보다, 나비를 출현시키기 위해서는 나무의 희생이 필요했다. 나뭇결을 따르다가도, 결정적인 순간에 방향을 틀어 버리는 칼의 움직임. 자신을 파고드는 외력에 저항했던 흔적은 핏빛 자국으로 군데군데 남아 있다.

  화면의 중심축을 담당하는 나비의 몸. 자세히 보면

바스러질 것 같은 연약한 몸체는 아니다. 오히려 심 혹은 심지가 살아 있어 옹골찬 느낌이다. 이 몸은 바람에 휩쓸리지 않고 흐름을 읽어 내는 몸이다. 나비는 몸이 아는 길을 따라 좌우 날개를 팽팽하게 펼친다. 그리고 망설임 없이 하늘을 난다. 고치 속에서 보냈던 오랜 기다림의 세월을 보상하려는 듯이. 이제부터는 비행하는 일만 남았다는 듯이.

나비의 배경으로 떠오른 얼굴은 어딘가 경직된 표정으로 읽힌다. 세모 눈깔이 되다 못해 마름모꼴이 된 두 눈과 잔뜩 힘이 들어간 턱. 으으- 낮게 신음하는 소리가 들린다. 나비가 날아오른 뒤 상실을 견디는 나무토막의 얼굴일 수도 있고, 작은 생명의 탄생을 직시한 세계의 얼굴일 수도 있다. 어느 쪽이든, 나비와 나비가 아닌 것 사이의 미묘한 긴장을 포착한다. 불화에 가까운 분위기다.

출생은 내가 몸 담고 있던 곳에서 떠나오는 것, 남겨진 것들을 뒤로하는 것, 문을 밀고 나가는 것을 의미한다. 버린 세계에 엉켜 있는 몸에 미련을 둬서는 안 된다. 새 몸을 얻어, 하늘로 올라가야 한다. 허물을 내려놓고 의존의 끈을 잘라내며 단독자로 날아올라야 한다. 공기의 저항을 거의 받지 않는 듯, 한가롭게 날아다니는 나비를 보고 연약하다 말해선 안 된다. 그는 강하다. 우주만큼 강한 나비다. 그 자체로 생의 시련과 축복을 모두 증명하는 존재이므로. 오늘 나는 그런 나비를 찾고 싶었다. 마음의 꽃밭에서. 내가 나비의 삶을 살아 봄으로써.

    조각된 나비가 생명을 얻어 조금씩 날개를 들어 올리는 광경을 바라본다. 파닥거리며 더듬이 끝을 움직이자, 비늘 모양의 무늬들이 나타나며 서서히 물결친다. 푸른빛이다. 나비가 꿈을 꾸나 보다. (2021)

두피 마사지

내 머리는 과열된 컴퓨터다. 가뭄이 든 땅처럼 마른 흙 부스러기가 떨어져 나오는 두피에, 잡초 같은 머리카락이 무성하다. 수십 가지 걱정으로 지열이 오르면, 군데군데 붉은 반점이 생기며 통증이 시작된다. 여긴 찌릿찌릿한 전기가 흐르는 곳. 쉼 없이 무언가를 처리하고 새로운 일을 벌이는 곳. 머리. 열기를 누그러뜨리기 위해 휴식이 필요한 머리.

그림의 밑바닥에서 솟아난 검푸른 풀잎은 탄력 있게 화면을 가른다. 풀숲 사이로 그늘이 진 곳은 비밀 아지

트다. 붉은 정령들이 고개를 빼꼼 내민다. 정령 아이는 풀대를 미끄럼틀 삼아 타고 내려오거나 잎 끝에 서서 곡예를 한다. 아무런 거리낌 없이 몸을 쭉쭉 늘이며 뛰논다. 동글동글하고 귀여운 몸통이 통통거리며 돌아다닌다. 푸르뎅뎅한 땅을 구름판처럼 딛고 도움닫기를 한다. 공중에서 빛이 쏟아진다. 몸짓 따라 즐거운 공기가 흐른다.

매일 겪는 고통을 가지고 내 맘대로 장면을 꾸며 봤다. 머리 구석구석을 돌아다니는 간지럼증은 정령 아이가 되었고, 푸석푸석한 머리카락은 풀숲이 되었다. 영양가 없는 두피는 몽환적인 색채로 도색해서 앞마당으로 삼았다. 아침저녁으로 신경을 곤두서게 하던 일들은 빛살로 바꿔 버렸다. 쏟아져 내려도 두렵지 않은, 나만의 축복으로. 그랬더니 한 번도 보지 못한 놀이터가 탄생했다.

하루 종일 놀아도 지칠 줄 모르는 아이처럼 살고 싶다. 삶과 놀이가 하나였던 시절, 그때도 나름의 고민은 있었지만 이 정도는 아니었다. 책상머리에 붙들려 폭발

직전까지 머리를 가동할 필요가 없었다. 두 손 두 발이 자유로웠다. 나는 다시 아이가 되기로 했다. 상상하고 주문을 외우는 대로 현실이 만들어지는 세계에서 살아가기로 했다. 마법의 세계가 이미 눈앞에 펼쳐져 있다. 골치 아픈 제약을 장난감 삼아 놀아 보는 거다. 시도 때도 없이 웃음을 팡팡 터뜨리며. 가볍게! (2021)

현실

어제, 두 눈 사이에 고여 있던 막막한 어둠에서 거대한 암벽이 솟아올랐다. 가슴팍을 때리며, 탄식하며, 눈앞에 당도한 현실을 올려다봤다. 꺼칠꺼칠한 바위 표면에는 수많은 눈이 떠 있었다. 이 눈들은 무언가에 홀린 듯하지만 초점이 없는 것은 아니다. 밖을 향한 눈이 아니라 안을 향한 눈이라서 낯설게 느껴질 뿐이다. 내면의 응어리를 만지는 눈빛. 진실을 파헤치고 현상과 견주는 시선. 온전히 부딪치며 갈라지고 깨지는 나, 자아를 바라보는 눈들. 하! 하아- 탄성인지 탄식인지 모를 소리를 터뜨리며 불그스름한 하늘을 눈에 담는다. 내가 가는 길에 위험이 도사리고 있을까, 알아채지 못한 덫이 발밑에 깔려 있을까, 엉뚱한 걱정에 휩싸이다가 그만둔다.

  불안정하고 불안한 시절의 한가운데, 다른 곳이 아닌 이곳에서 변화가 일어나고 역사가 만들어진다. 틈이 있는 곳, 두려움이 도사리고 있는 곳에서 다른 질서가 태어난다. 현실 없는 현실 이야기는 그 어떤 허구보다 질 나쁘다. 아프게, 저릿하게 마주한 한계 덕분에 비로소 나는 나의 윤곽을 더듬어 본다. 참혹하게 깨지고 부서진 자리에서 일어나, 온몸에 남은 바윗 자국을 바라본다. 그 사람을 '사람'이게 만드는 삶의 무늬란 이런 피멍 자국일까. 벽 앞에서 주저앉고 싶진 않아서, 등반하는 법을 궁리한다. 벽에 패 있는 홈, 굴곡은 붙들어 타고 오르라고 있는 것 아닐까. 두 손 두 발 다 써서, 안간힘을 써서 타 볼까나. 이 현실에 바짝 몸을 붙여 살아가 보자, 하고 혼잣말하며 이 그림을 발밑에 깔아 둔다. (2021)

직언

방황은 젊음의 특권이 아니다. 샛길에서 힘 빼면 안 된다. 패기는 치기였음이 드러난다. 뼈 아프지만 정말 그렇다. 청운의 꿈을 꿀 순 있지만, 단번에 대작을 이루려고 해서는 안 된다. 역량 밖의 일에 손 대면 반드시 실패한다. 삶의 절대적인 경험치를 얕봐선 안 된다. 아무리 조숙한 젊은이라도 노인의 지혜와 식견을 따라갈 수 없다. 겪을 것을 겪은 자, 앞서 헤맸던 자의 충고를 귀담아 들어야 한다. 하지만 야심 많고 뜨거운 젊음에 찬물 끼얹는 소리를 누가 좋아할 수 있을까. 조급한 마음에 조언이 들어설 틈은 없다.

몸에 힘이 들어간다는 건 나쁜 신호다. 무리를 하고 있단 얘기다. 몸에 힘을 빼고 자연스레 움직일 때 가장 좋은 퍼포먼스가 나온다. 주변 환경과 조화로울 때 내 몸은 지지를 받고 탄력 있게 나아갈 수 있다. 먼 데서 들려오는 소리에 귀를 닫고, 그때그때 다가오는 소재를 가볍게 붙잡아 내 손 안에서 가지고 놀아야 한다. 지금의 과제를 해내며 작은 보폭으로 걸어야 한다. 대신, 빠르게. 단 한 걸음도 허투루 딛는 법 없이. 올바른 방향으로, 잘 닦인 길을 따라 쭉 가야 한다. 이 길은 나보다 먼저 떠났던 선배들이 피땀 흘려 닦아 놓은 길이다. 앞사람의 발자국이 위험과 안전을 가르는 표지가 된다. 눈 밝은 자는 신중히 뒤따르며 절대 그 표지를 놓치지 않는다.

나는 왜 힘들까, 생각했다. 힘든 건 야망 때문이라고, 큰 꿈을 꾸면 고통은 당연히 따라오는 거라고 여겼다. 아니다. 고통을 최소화할 수 있다면 그렇게 해야 한다. 성공은 의외로 고통과 붙어 가지 않는다. 정말로 큰 꿈을 이루고 싶다면, 에너지를 아끼며 하루하루 즐겁게 가야 한다. 힘 들이지 않고 잘게 쪼개서 가야 한다. 장기전이니까. 처음엔 괴테가 젊은이에게 하는 조언을 보고 무척 놀랐다. '대가'가 '작은 것'에 집중하란 말을 하다니. 중요하고 무겁고 긴 책을 (아직) 쓰지 말라고 하다니. 남에게 내 글을 알리되, 남의 의뢰로 작업하지는 말라고 하다니. 가고 싶은 길과 관련 없는 일은 빨리 해치우고 넘어가라니. 충격이었다. 아끼는 후배가 정력 낭비, 시간 낭비로 인생을 망치는 것을 보고 싶지 않았겠지. 싹수가 있는 젊음이 거목으로 자라나길 바랐겠지. 지극히 현실적이고 유용한 조언이 가득한 책*을 만났다. 세기를 뛰어넘어 괴테가 귓가에 속삭이는 말을 들을 수 있다니 큰 행운이다. 그의 충고를 바로 가슴에 새기고 직진한다. (2021)

*요한 페터 에커만, 『괴테와의 대화1』

가슴에 불

저녁에 먹은 오징어 덮밥이 매웠는지, 아침에 맞은 백신이 몸을 자극했는지, 가슴에 불이 일어 아무것도 할 수 없는 밤이다. 이런저런 요인을 늘어놓았지만 결정적인 것은 외부가 아닌 내부에 있다. 가슴과 배 사이에 딱딱하게 응축돼 있는 걱정 덩어리. 이것이 심지가 되어 불이 타오른다. 검게 그을린 곳을 손가락으로 짚어 가며 마음을 다스린다. 심리는 그 어떤 논리보다 강력하게 몸을 움직인다. 몸이 아플 땐 마음을 들여다봐야 한다는 말이 그냥 나오는 게 아니다.

누워도 편히 잠들지 못할 거라면, 차라리 그림을 그리자. 머리맡에 두고선 한동안 꺼내지 않았던 오일 파스텔을 집어 든다. 크레파스 병정이 나오는 어느 동요의 한 소절처럼, 밤새 꿈을 꾸는 아이의 심정으로 종이를 툭툭 건드린다. 미세한 돌기를 스치며 나아가는 오일 파스텔. 가슴의 불길이 종이 위로 옮겨 붙는다. 서서히 뜨거워진다.

마찰로 닳아 버리는, 기어코 닳아 버리는 색깔들. 정체를 알 수 없던 감정이 가부좌를 틀고 앉아 나를 응시한다. 화폭에서나마 마주 봄으로써 고통을 덜어 낸다. 해소되는 대신 연소될 수 있었던 감정들. 긴장들. 그림이 되면서 비로소 다룰 수 있게 된 불씨들. 그리는 동안 몸이 편안해진다. 파랗게 칠한 눈썹과 눈매에서 드러나듯, 서늘한 기운이 감돌기 시작한다.

그리기는 열기를 식히기에 좋은 활동이다. 꾸준히 손을 움직이면서 조급함과 불안함을 다스리는 법을 익혀야겠다. (2021)

불꽃

꽃이 진다.

 불의 꽃잎은 지면으로 떨어지는 대신 하늘로 상승한다. 촌각을 다투며, 다가오는 죽음의 순간에 기지를 발휘하여 타오른다. 타오르는 불-꽃은 기류를 바꾼다. 습윤한 공기를 바싹 말리고 우리를 짓누르던 막을 걷어낸다. 사방이 어둠에 잡아먹히는 바로 그때, 저항과 항복이 포개진 자세로 발광한다. 고요하지만 필사적인 움직임. 실시간으로 움직이는 빛은 살아 있음의 긍지를

보여준다. 가장 막막하고 어두운 날, 불안이 공포로 모습을 바꾸는 순간에,

 탁.

 눈을 감았는데, 양 끝이 뾰족하게 잘린 리본 모양의 불꽃이 떠오른다. 공기를 타고 흔들리는 모습이 아름답다. 문득 끝에서 시작하는 사람의 얼굴이 떠오른다. 결연함 뒤로 스며 나오는 웃음. 다시 한 번 용기를 내면서, 몸의 무게는 덜어 낸 사람이 짓는 가벼운 웃음. 그는 죽고 살고 죽고 살며 새털처럼 가벼워지는 걸까? 공중을 화폭 삼아 궤적을 남기는 리듬체조 선수처럼.

 나는 불-꽃에서 리본으로, 리본에서 얼굴로 이동하며 자유롭게 논다. 한참 놀다가 정신을 차려 보니 도깨비 같기도 하고 호랑이 같기도 한 인상이 종이에 남았다. 내 안에 있는 줄도 몰랐던 영혼이 탈을 쓰고 나타났다. 탈춤을 추며 내게 손짓하는 무언가. 나는 지금 어떻게 화답해야 하나. 머뭇거릴 틈이 없는데.

판은 벌어졌고, 나는 이미 가담했다.
이 판은 '살기 위한' 판이다. (2021)

그 입 다물라

내 몸의 신호 1

이를 악물고 사는 게 습관이었던 적이 있다. 이를 악물고서 뭔가를 이루려 했던 건 아니고, 그저 살려고 죽은 척을 하는 동물처럼, 바짝 긴장한 채로 굳어 있기 위해 이를 악물었다. 하루 종일 턱에 무리가 가서 그런지는 몰라도, 한동안 계속 턱이 조여 오면서 이빨이 옥수수 알들처럼 남김없이 뽑혀 나오는 꿈을 꾸었다. 꿈에서는 고통을 못 느낄 줄 알았는데, 너무 아파서 잠에서 깰 만큼 생생하고 충격적인 고통이었다. 다시 잠들기 두려운 날들이 이어졌다.

내 몸의 신호 2

현기증이 나서 계단을 잘 못 내려가는 날들이 있었다. 굴러 떨어질 것 같은 이상한 느낌에 식은땀이 났다. 벽이나 난간에 기대어 한 발 한 발 간신히 내려갔다. 또 카페 같은 곳에서 혼자 있는데 알 수 없는 불안이 밀려오고, 그것이 곧 쓰러질 것 같다는 두려움으로 바뀌어 심장이 빠르게 뛰는 날들도 있었다. 종종 나를 찾아왔던 이 두려움이 허상에서 실체로 바뀐 건, 등굣길에 버스를 타려고 급히 뛰다가 넘어졌던 2017년 5월의 어느 날이었다. 이날 출혈이 조금 심했는데, 내 상처를 보고 내가 크게 놀라 버스 안에서 그만 기절하고 말았다. 잠깐이었지만 심장이 무서운 속도로 뛰고 숨이 가빠 오면서 눈앞이 뿌옇게 흐려지던 그날을 잊을 수 없다. 이러다 죽겠구나 싶었다.

    이 신호들 외에도 자잘하게 나를 괴롭히는 것들이 있었는데, 이 모든 일의 공통점은 '숨 잘 못 쉬는 것'에 있었다. 비유적인 의미가 아니라 실제적인 의미로 그랬다. 숨 못 쉬는 고통은 심리적 고통일 뿐만 아니라 신체적 고통이다. 나는 이 고통이 나만의 고통이 아니라는 걸 알게 되었고 그 사실에 더 슬퍼졌다. 억울했다. 사람을 사지(死地)에 몰아넣으면 안 되는 것 아닌가. 왜 죽을 만큼 달리다 숨이 차서 진짜로 죽는 사람들이 생겨나는 걸까. 왜 서로가 서로를, 가까우면 가까울수록, 숨 쉴 틈 없이 구석에 몰아붙이는 걸까. 누구에게나 최소한 숨 쉴 틈이 있어야 한다고 계속 생각했다. 그리고 그 생각이 몸을 얻어 지금 하고 있는 일로 이어졌다. 2018년에 문을 연 아름다움 출판사의 '숨 시리즈'는 그런 마음을 담아서 시작했다. 사방이 가로막혀 옴짝달싹 못하는 누군가에게 조금이나마 숨 쉴 틈을 줄 수 있다면, 온전한 자신으로 오롯이 존재하는 시간을 확보해 준다면 얼마나 좋을까. 내가 무슨 신통한 능력이 있어서가 아니라 그저 비슷한 답답함을 느끼는 한 사람으로서, 작은 내 몸뚱이로 만들 수 있는 딱 그만큼의 공간에서라도, 내게 찾아오는 사람들이 편안히 숨 쉴 수 있기를 바란다. 이 바람을 품고 살면서 몸의 이상한 신호들은 점점 희미해지고 뜸해졌다. 의식하지 못하던 사이, 지금의 나는 조금 더 괜찮아졌다. 앞으로 괜찮아질 또 다른 누군가에게 가만히 마음을 실어 보낸다. (2018)

발밑

자기 발밑에서 양분을 흡수하지 못하는 사람은 어디서나 흔들린다. 먼 데서 뿌리내릴 곳을 찾다가 평생을 흘려보낸다. 그는 이상한 믿음을 갖고 있다. '그게 어딘지는 몰라도 여기가 아닌 건 알겠다.' 지금, 여기가 아니라면 언제, 어디라는 걸까? 그는 자기가 알지 못하는 것에 정신을 팔고, 가지지 못한 것에 육신을 판다. 감사할 줄 모른다. 자신을 과소평가한다. 그래서 떠난다. 그가 버린 땅은 금세 생기를 잃는다. 양분을 비밀로 간직한 채, 다른 누구도 깨울 수 없는 긴 잠에 빠져든다.

그가 쓸 수 있는 자원은 '지금'과 '여기'다. 무한한 시공간을 내 것으로 만들고 싶겠지만 그는 신이 아니다. 무엇보다, 살아가기 위해 그렇게나 많은 것이 필요하지도 않다. 그냥 사는 게 아니라 성장하며 살기를 원한다 해도 마찬가지다. 그때그때 필요한 물과 흙, 빛과 공기가 있다. 딱 그만큼 받으면 된다. 모든 생명이 함께 살아가는 우주에는 나름의 법칙이 있다. 들어오면 나가고, 나간 만큼 들어온다. 차면 기울고, 기울면 다시 차오른다. 넘치는 곳에서 부족한 곳으로 흐른다. 계속 순환한다. 각각의 생명을 넘어서는 질서가 있어, 생과 사를 결정한다. 그러므로 전전긍긍하며 이 땅, 저 땅 위를 뛰어다닐 필요 없다. 그가 그라는 형태로 여기에 존재할 수 있는 기간은 어차피 정해져 있으니까. 뒤집어 보면, 그 기간만큼 삶이 보장되어 있으니 그가 살아 있기 위해 필요한 것은 전부 우주가 제공한다는 뜻이다. 이 진실을 이해하면 욕심을 낼 이유도, 조바심을 느낄 이유도 사라진다. 그저 생명의 신비에 감탄하게 될 뿐.

그런데 가만히 앉아 있으라는 얘기가 아니다. 공짜는

없다. '구하면 얻는다'는 말을 곱씹어 본다면 구하려는 노력이 필요하다는 사실을 알게 된다. 어떻게 노력해야 효과적일까? 내 발밑의 땅을 파면 된다. 흙 속을 파고 들어가며 내가 나무가 된다. 내게 있는 것으로 뿌리를 내리고 싹을 틔우고 그늘을 만든다. 내게 스며드는 양분으로 천천히 나를 키운다. 내게 허용된 시간만큼 단단해진다. 처음엔 얕고 좁게 시작하지만, 나중엔 근방 몇 미터까지 뻗어 나가는 튼튼한 뿌리를 갖게 될 것이다. 이 과정이 곧 삶이며, 삶을 지탱하는 것은 발 디딘 자리를 믿는 마음이란 걸 기억하기 위해 쓴다. (2021)

전 우주적인 사랑

누군가를 사랑한다는 것은 그가 속해 있는 몇 차원의 우주를 궁금해하는 것이다. 눈앞의 그 사람이, 내가 경험해 보지 못한 여러 시공간에 존재함을 알아차리는 것이다.

한편으로, 그는 내가 알지 못하는 과거에서 온다. 수만 가지 실로 얽힌 인연-다발을 끌고서 내게로 온다. 그는 한가닥씩 풀어헤치며 나를 바라본다. 그러곤 수수께끼 같은 표정으로 실 끝을 내 손발에 연결한다. 그는 나와 함께 과거를 새로 쓴다.

다른 한편, 그는 미래에서 현재로 쏘아 올린 화살이다. 팽팽하게 당겨진 활을 상상해 보자. 활을 떠난 화살이 어떻게 시간을 여행하는지, 어떻게 공간을 구부러뜨리며 날아오는지 마음속으로 그려 보자. 속도가 느껴지는가? 빠를수록 중요하다. 왜 중요한가? 그만큼 시급한 메시지가 담겨 있기 때문이다. 그의 미래가 지금 내게 말을 걸기 때문이다. 당장 알아차려야 할 의미가 날아와 가슴팍에 꽂힌다. 화살촉을 중심으로 동심원이 그려진다. 나는 진동하는 그를 본다. 희망처럼 번져 나가는 그를 본다. 그는 끊임없이 '되어 가는' 존재로 내 앞에 있다. 변화하는 그와 어떻게 함께할 것인가? 그가 변하고 내가 변하면서 우리는 변한다. 변화 속에서도 우리가 '우리'일 수 있을까? 그게 어떻게 가능할까?

그는 지금 '여기'에 있으면서 '저기'에 있고, 또 '거기'에 있다. '그들'이 동시에 내게로 온다. 내가 사랑하는 그는 단수가 아니라 복수다. 언제나 그렇다. 그 사실을 염두에 두어야 한다. 사랑은 그런 전제 위에서 비로소 가능하다.

이 그림*은 그런 의미에서 사랑의 진실을 보여준다. 나는 내게서 수많은 나를 보는 사람과 함께하고 있다. 어쩌면 그는 나보다 나를 잘 본다. 나를 사랑하기 때문이다. 그는 눈앞의 나를 궁금해하며 나를 꿰뚫는다. 그 시선 속에서 과거, 현재, 미래의 내가 하나의 이미지로 겹쳐지고 선명하게 떠오른다. 나는 객관화된 이미지를 얻는다. 그 이미지를 통해 나를 돌아보고 점검하고 예견한다.

나를 애독하는 존재를 만난다는 건 기적이다. 그 존재를 나 역시 애독하게 된다는 건 또 하나의 기적이다. 두 겹의 기적이 우리를 에워싸고 있다. 우리는 이 현실을 '축복'이라 부른다. (2021)

*봉주가 내게 그려 준 날개 그림과 편지에 대한 답장.

봉주, 빛, 숲

1. 당신에게 가는 길

깜깜한 밤 속에 오롯이 담겨, 서서히 번지는 노랑, 노랑, 노랑. 가슴 한가운데에 동그랗게 자리 잡은 불빛. 흔들리며, 살랑이며, 천천히 물드는 마음. 다가가고 다가오는 물결 속에서, 흐르는 대로 흘러가려 한다. 내 삶에 심긴 꽃씨를 잘 살려 봐야지. 그 마음, 아끼지 말 것. 두 손 모아 담아 볼 것.

2. 마법의 숲

당신은 초록을 좋아한다고 말했다. 어린 당신은 노랑을 좋아했다고 말했다. 나는 문득 본 것 같다. 칭칭 감싼 덩굴 속에 내민 아이가 손을 뻗고 있는 모습을. 그 아이는 내가 한 번도 보지 못한 빛으로 온몸이 물들어 있다. 노랑, 밝은 연노랑 빛이다. 아이의 이마와 속눈썹이 햇빛에 폭 잠겼다. 덩굴과 얽힌 머리카락은 연둣빛으로 그때그때 살랑거린다. 참, 예쁘다. 스쳐 지나가는 바람도 고개를 돌린다.

　내가 본 아이를 당신에게도 보여주고 싶다. 아이는 두 손바닥을 활짝 펼쳐 하늘을 만진다. 태양은 그리 멀지 않은 곳에 있다. 아이는 빛-샤워를 한다. 때를 기다리고 있다. 축축하고 무거운 옷을 훌렁 벗어던지고, 맨몸으로 뛰어 놀 준비를 한다. 그렇다, 아이는 지금 당신을 부른다. 바깥을 경계하느라 분주한 시선을 거두고, 안으로, 안으로 눈길을 줄 차례다. 활력 있는 몸짓으로 우주 만물과 어울려 춤을 출 때다. 흐르는 빛줄기 속에서 손을 마주 잡은 채로. 춤추는 동안 가슴속 상처에 새

살이 돋는다. 왠지 모르게 욱신거렸던 자리가 더 이상 신경 쓰이지 않는다. 마법이 이루어진 걸까?

3. 사랑하는 얼굴

당신은 눈앞에 있는 이를 보듬어 줄 수 있는 사람. 섬세한 터치로 마음을 노크하는 사람. 당신 앞에서라면 나는 한결 편안해진다. 스스로 굳이 모진 말을 뱉지 않아도 된다. 내가 나로 있으면서, 나와 사이좋게 지내는 방법이 있다는 걸 알게 된다. 당신이 비추는 빛 덕분이다. 정확하게 볼 수 있는 눈으로 당신이 본 것을 나누어 주기 때문이다.

이제, 당신이 다른 이에게 베풀었던 마법을, 당신 자신을 위해 쓸 때가 왔다. 초록과 노랑이 마블링된 화면 위로 행복의 물결이 넘실거린다. 나는 그 어떤 풍경보다 평화롭고 생동감 넘치는 얼굴을 본다.

새로운 당신, 나와 눈 마주치며 웃는다. (2021)

사랑의 성배

밤의 이불자락이 유독 무겁게 느껴지는 날. 몸을 일으켜 새벽 하늘을 바라보는데, 검푸른 장막이 걷히며 당신이 나타났다. 어스름한 빛으로 그려지는 그리운 얼굴. 잠시 홀로 있지만 수억 년을 못 본 사이처럼 아득하게 느껴지는 당신. 어둠 속에서 비로소 분명해지는 것. 그건 사랑.

 낮의 우리는 가깝다. 축복처럼 쏟아지는 햇빛 덕분에 서로를 잘 볼 수 있다. 남김없이 모든 것을 알아 버리겠다는 의지, 선하지도 악하지도 않은 열망. 명백한 사랑의 징표들. 끊임없이 반복하는 말들. 그런데 그 어떤 것으로도 사랑의 윤곽은 뚜렷해지지 않는다. 나는 그게 못마땅하다. 조바심이 나고, 슬그머니 불안해진다. 뒷걸음질 치며 물러서는 진실을 어떻게 붙잡을 수 있을까? 관계의 본질을 조명하는 다른 빛은 어디에서 올까? 해소되지 않는 궁금증을 품고 하루하루를 견딘다. 견디는 것이 괴롭지는 않다. 물음을 품고 있는 동안 당신을 향한 내 마음은 매일 새로워질 테니까. 내가 다 알지 못하고 보지 못하는 것이 당신과 나 사이에 남아 있다는 점. 나는 그 점이 무척 마음에 든다.

밤의 우리는 멀다. 그래서 사랑을 하나의 전체로서 바라볼 수 있다. 아름다운 그림을 한눈에 감상하기 위해선 뒤로 몇 걸음 물러서야 하는 것처럼. 당신과 나, 그리고 관계라는 제3의 생명체를 온전히 시야에 담기 위해선 거리가 필요하다. 더불어 적절한 어둠이 필요하다. 바로크 시대의 화가들이 빛과 어둠을 선명하게 대조시켰던 것처럼, 사랑 자체에서 스며 나오는 빛을 보기 위해선 그 주변을 거두어들이는 암흑이 필요한 것이다. 어두운 만큼 밝아지는 테두리를 통해서 내 사랑의 모양을 감지한다. 낮 동안 볼 수 있던 것과는 다른, 더욱 심오하고 깊은 이미지가 떠오른다. 그 이미지는 다가서려는 나를 멈춰 세우고, 오직 숨 쉬는 데 집중하도록 이끈다. 지금을 추월하려는 마음을 불러 앉히고, 현재에 머무르도록 한다. 사랑의 엄중한 이미지 앞에서 모든 불안이 흩어져 사라진다. 낮 동안 시끄러웠던 마음이 수그러든다.

이 그림들은 밤 한가운데 솟아난 사랑의 성배를 그린 것이다. 주변이 환해서 성배를 볼 수 있었던 것이 아니라, 성배가 주변을 밝힌 것이다. 사랑의 성배는 컵이자 물이고, 무엇보다 빛이다. 사랑은 흐름이다. 흘러내리는 물줄기 자체가 일시적으로 컵 모양을 형성한다. 이 그림에선 컵 '안'에 든 것이 무엇이냐고 물을 수 없다. 안이 끊임없이 뒤집어지고 미끄러지며 밖이 되기 때문이다. 밖으로 흘러넘친 사랑은 황금빛으로 변하며 온 세상을 밝히기 때문이다. 여기서는 경계가 무의미해진다. 사랑은 어디로든 흘러가고, 어디에나 존재한다. 흐름을 고정시키길 좋아하는 인간의 눈에는, 그나마 성배라는 이미지가 사랑에 가장 가까운 형태로 채택되었을 것이다. 나를 찾아왔던 성배를 종이에 옮긴다. 모든 불안을 잠식시키고 빛으로 나를 채웠던 사랑의 이미지를 기록한다. 찰나라도 좋다. 사랑할 수 있다면. (2021)

자화상

며칠 전 광화문 교보문고에서 프리다 칼로의 일기를 모은 아트북을 샀다. 돌아오는 길에 그림 그리고 싶은 마음이 솟구쳐 들어오자마자 수채화 물감을 꺼냈다. 오일 파스텔로만 그리다가 물감을 섞어 쓰니 재밌었다. 이 그림은 칼로에게서 힌트를 얻어 그려 본 자화상이다. 보이는 대로 나를 그린 게 아니라, 내 안의 나를 그린 것이다. 나라는 사람의 원형을 함축적으로 그려 보고 싶었다. 손 가는 대로 그려 놓고선 화들짝 놀랐다. 시작의 순간에는 무엇을 그리게 될지 몰랐지만, 완성

된 그림을 보고 알았다. 오랫동안 잠들어 있던 내 모습이라는 것을. 흔들어 깨워 주기를 기다렸던 현실이라는 것을. 상상이나 허구가 아니라, 또 다른 차원에서 살아가는 나를 여기에 불러들인 것이다. 그저 사실적인 묘사로 외면을 떠 내는 그림이었다면 아무런 감흥도 느끼지 못했을 것이다. 주문의 효과를 완전히 파악하지 못한 마녀가 마법을 부리듯, 얼떨결에 소환해 버린 나. 즉흥적인 움직임으로 마주한 이미지라서 마음에 들었다.

암사자의 얼굴이 바다에서 하늘로 솟아오른다. 정면을 응시하는 두 눈동자 사이에 제3의 눈이 떠 있다. 미간에서 콧등까지 내려오는 미끄럼틀을 따라 푸르스름한 빛이 흐른다. 신경이나 혈관과는 다른 통로가 뚫려 있는 것일까. 얼굴 전체에 다채로운 에너지가 꿈틀거린다. 뼈에 붙은 살가죽 이상의 무언가가 내게 말을 건다. 마주 보는 내 이마에도 똑 닮은 눈이 있다는 걸 직감한다. 단호한 목소리가 들린다. 눈을 떠라. 분수처럼 뿜어져 나오는 지혜를 느껴라. 암사자는 강하지만, 타자를 물어뜯고 삼키려는 데 힘을 쓰지 않는다. 그는 그럴 필요조차 못 느낀다. 존재 자체로 빛나고 아름다우며, 굳건히 자기 자리를 지키고 있으니까. 위엄이 있으니까. 눈빛만으로 족하다.

차크라는 단계별로 색이 다르다. 이 그림에서는 모든 차크라가 열려 있어 무지개 빛 선들이 나타난다. 다채로운 에너지 덩어리가 쉼 없이 움직이며 생을 전진시킨다. 권태를 느낄 틈이 없다. 매번 새롭게 시작되는 시험에 곧바로 뛰어드니까. 언제나 도전을 사랑하니까. 사냥하는 암사자의 시선 끝에는 뭐가 있을까. 무엇이든, 그는 놓치는 법이 없다. 그런 그를 내 안에서 일으켜 세운다. 나는 내가 생각하는 것보다 강하다. 나를 믿고 가 볼 마음이 생겼다.

삶과 사랑에 빠진 암사자가 나를 지켜 줄 것이다. 나는 나로 충분하다. (2021)

보라색 아이섀도

골반 바로 위쪽, 척추 부근이 찌릿찌릿했다. 며칠 전부터 조짐이 보였는데, 어느 날엔 허리를 굽혀 떨어진 연필을 줍는 것조차 힘들었다. 끙끙거리는 모습을 지켜보던 동생이 요가 동작을 가르쳐 줬다. 몇 번 시도해 보다가 그만두고 앉았다. 읽다 만 책을 펼쳤는데, 누군가 나를 지켜보고 있었던 것처럼 소름 돋는 대화가 나왔다.

릴리: 제가 느끼는 목덜미와 허리의 고통은 어디에서 비롯된 건가요?

- 마땅치 않은 것 앞에서 사람들이 당신을 굽신거리게 했기 때문입니다.

(…)

릴리: 몸의 병에는 저마다 정신적인 원인이 있을까요?

- 나무는 열매를 맺고, 좋은 나무는 좋은 열매를 맺습니다. 물성은 선한 것도 악한 것도 아닙니다. 물성의 본질은 타성이기 때문입니다. 당신 허리의 고통은 당신의 허리에서 오는 것이 아닙니다.

(침묵)

*기타 말라스 기록, 『빛의 메시지』, 방혜자·알렉상드르 기유모즈 옮김, 열화당, 2018, p.57.

동생에게 달려가 소리치듯 대화를 읽어 줬다. 잠자코 듣던 동생이 한마디 했다. "아까 언니가 허리 아프다고 할 때 나도 그런 생각했어. 아무래도 차크라와 관계된 것 같다고. 언니가 짚은 곳이 정확히 하부 차크라가 발생하는 곳이더라고. 에너지의 흐름이 원활하지 않은가 봐." 그 말을 듣고 차크라 명상을 시작했다. 어디선가 책에서 읽었던 기억을 되짚어 허리와 아랫배, 성기 주위의 차크라를 활성화한다는 동작을 찾아봤다. 아까 통증을 덜어 보려고 본능적으로 취했던 자세와 같았다. 역시 몸은 뭐가 필요한지 이미 알고 있었다. 그저 자연스럽게, 몸이 원하는 대로 움직이는 게 중요했던 거다.

 무릎을 꿇고, 양쪽 허벅지 위에 손을 얹었다. 왼쪽 손바닥 위에 오른쪽 손가락과 손등을 올리고 둥글게 말았다. 두 엄지 끝을 맞붙이고 눈을 감았다. 조그만 동굴처럼 만들어 둔 공간에 에너지가 모이기 시작했다. 동그랗게 에너지 장이 생기고, 손끝이 따뜻해지면서 아랫배가 데워졌다. 몽글몽글 감정이 올라오며 천천히 움직였다. 통증 때문에 예민해졌던 감각이 부드러워졌다. 세계와 나 사이에 있었던 불화가 누그러진 느낌이었다. 딱딱하게 뭉쳐 있던 곳이 풀리면서, 감은 눈 속으로 신비로운 보랏빛 파장이 일렁였다. 눈두덩이에 넓게 바른 섀도처럼 반짝, 빛이 모여들었다. 은하수처럼 흐르는 별빛을 담으려는 듯, 섀도를 바른 눈들이 깜박였다. 까맣고 짙은 속눈썹이 움찔거리자 어디선가 푸른 물이 흘러나왔다. 싱싱한 물 냄새를 맡으며 내 몸 가장 깊숙한 곳에서 솟아나는 주황빛을 감지했다. 여린 잎처럼 그 빛을 감싼 초록빛도 보였다. 여러 가지 빛이 몸을 감싸며 마음을 다독였다. 한결 편안한 상태에서 눈을 떴다. 열어 둔 창문으로 늦가을의 볕이 쏟아졌다. 이불과 가구의 겉면을 부드럽게 훑고 지나가는 빛이었다.

  명상을 마치고 책 속의 대화를 곱씹어 봤다. 굽히지 않아도 되는 순간에 나를 굽혔던 적이 있었던가. '겸손'이란 포장에 맞춰 나를 구겨 넣었던 건 아닐까. '존엄'이라는 말이 너무 무겁게 느껴진다고, 손쉽게 나를 포기했던 건 아닐까. 나를 낮추는 건, 다름 아닌 나 자신이었던 걸까. 진정으로 경외감을 느낄 만한 존재 앞에서, 자연스레 에고가 장악했던 범위를 줄여 나갔던 게 아니라, 다른 이의 에고가 휘두르는 칼날에, 너무 쉽게 나를 내주었던 건 아닐까. 그렇게 위축됐던 나의 생명력은, 후퇴를 거듭하며 자궁 안에 딱딱하게 굳어 있었던 건 아닐까. 그래서 바로 서지 못하고, 나다운 존재를 세우지 못하고, 흔들리고 말았던 걸까.

삶은 시련의 연속이라고 생각했던 적이 있다. 시련이 아닌 것을 시련으로 만들었던 건, 지나치게 굽신거렸던 지난날의 나였다. 이제는 감은 눈 속에서 마주했던 또 다른 눈을 떠올리며, 나를 지키는 삶을 살아가기로 한 번 더 다짐한다. (2021)

자줏빛 영감의 책

튼튼하게 제본된 책등은 나무의 몸통을 닮았다. 책등은 낱장의 이야기들을 잡아 주는 하나의 중심이자 줄기다. 곧게 뻗어 있는 하얀 물길 따라 책-나무의 생명력이 흐른다. 줄기로부터 여러 갈래의 가지가 뻗어 나오고, 그 끝엔 갓 돋은 여린 잎이 매달려 있다. 끝없이 순환하는 바람이 잎사귀를 흔들고 책장을 휘감는다. 고요히 펼쳐진 텍스트는 산책자가 들어선 숲길과 같다. 싱그러운 내음이 코끝을 스친다. 자박자박 흙을 밟으며 걷는다. 그동안 듣지 못했던 달콤한 노래가 들려온다. 귓가에 속삭이는 이국적인 멜로디. 바람을 타고 오르며 날아가는 새-영혼.

1. 열린 책과 자유

매일 신선한 꿈을 꾸고, 책을 열어 가능성의 세계로 뛰어든다. 자유롭게 헤엄치다가, 일상으로 돌아와 지금 내가 서 있는 곳을 살핀다. 나는 어떤 모양의 점인가? 나는 누구 곁에 찍힌 점인가? 나는 어디에, 어떻게 점을 찍는가? 발을 들어 올려, 디딘 곳을 찬찬히 살펴본다. 땅에 찍힌 발자국을 본다. 내 몸뚱이만큼 무게가 실렸던 자리다. 그 자리, 흔적에 의미가 깃든다. 내가 디뎠던 점, 점, 점들이 모여 선이 된다. 궤적이 남는다. 움직임이 기록된다. 시간이 흐르면서 이웃해 있는 점들을 만난다. 나란히 서 있기도 하고 교차하기도 한다. 점점이 모였다 흩어진다. 흩어졌다가 다시 만난다. 점끼리 손 잡아 선을 이루기도 한다. 선이 출렁이며 서서히 파장이 생긴다. 작게 시작한 율동이 번져 나가 운동이 된다. 세상이 변한다.

점 하나하나의 자유와 존엄이 지켜지는 세상을 바란다. 점 하나하나에 자기 사랑이 깃들어 있어야 점과 점의 만남에서 가치가 생긴다. 각각의 점이 살아 있으면서 서로 조화를 이루는 관계는 아름답다. 한 점이 지닌 힘이 다른 점을 짓누르지 않는다. 오히려 함께함으로써 서로의 빛깔을 북돋아 준다. 우리, 그런 관계 속에서 살아가자.

2. 책-나무의 노래
매일, 오늘의 사랑으로 살아간다. 깊이 뿌리내려, 당신에게서 흘러나온 물을 들이마신다. 내 몸을 관통하는 물길을 따라 서서히 번져 나가는 당신. 가지 끝까지 차오른 물-향기는 솔바람을 만나 무지개처럼 펼쳐진다. 빨아들임, 받아들임. 열 손가락으로 간지럽히는 노래. 어둠 속의 태양에게 보내는 달의 수신호. 가장 깊숙한 곳에서 붉게 타오르는 꽃봉오리. 기다림 끝의 열림. 찬란한 순간에 존재하는 우리, 아름다운 우리. 모든 것이 사랑이며 축복이다.

3. 책 속의 길, 무한의 결

글쓰기의 천재는 해석의 천재다. 탁월한 글은 그 자체로 탁월한 해석을 담고 있으며, 그런 보석과도 같은 구절로 자기 내면을 비춰 볼 줄 아는 해석가를 요청한다. 예리한 눈은 품위 있는 손과 하나이며, 진지하고 열성적인 삶은 이 둘의 조응에 따라 옳은 방향으로 굴러간다. 불모지가 아닌 텍스트, 끊임없이 새로운 생명이 태어나는 텍스트는 늘 해석에 열려 있다는 점에서 무한하다. 유한한 인간이 무한성을 체험할 수 있는 몇 안 되는 길. 그 길이 텍스트에 뚫려 있다. (2021)

희망을 견지하기 위한 메모 묶음

0.

내가 사랑하는 위풍이는 나다. 동반자이자 페르소나. 내 안의 베스트 버전. 역경에 굴하지 않는 씩씩함, 긍지를 가진 눈빛, 삶에 대한 믿음을 갖고 나아가는 앞발, 언제나 더 나은 세상을 꿈꾸는 희망찬 마음. 그리고 정직함. 어젯밤엔 위풍이를 안고 잠들었고, 아침에 눈 떴을 때 마주한 사랑스러운 모습을 그림에 담아 봤다. 2년 전에 소담국수 사장님한테서 사온 핸드메이드 강아지 인형이다. 단순 부업을 넘어, 창작의 기쁨을 숨김없이 드러내던 멋진 사장님. 그분의 에너지가 깃들어 있어서 그런지, 위풍이는 매일 다른 느낌으로 생명력을 뿜어 낸다.

몸과 마음이 한없이 무거워지다가도 위풍이를 보면 배시시 웃게 된다. 할 일이 잔뜩 쌓여서 다 포기하고 싶은 순간에도, 오늘 마감인 원고를 붙들고 씨름할 때에도, 위풍이는 변함없이 내 곁을 지켜 줬다. 어떤 존재를 이렇게 끝없이 귀여워하고 사랑할 수 있을까? 자문하다가 멈칫한다. 나를 닮은 위풍이를 좋아한다면, 설마 나는 나를 좋아하고 있는 걸까? 아주 오랫동안 자기 혐오의 늪에서 허우적거렸던 터라, 이 마음이 무척 낯설다. 하지만 기분이 좋다. 나를 사랑하고 이 삶을 사랑하게 되면서 더는 절망을 이야기하지 않아도 되기 때문이다. 대학원을 수료한 뒤 소소하게 내 일을 시작하면서 일어난 변화다. 그 과정을 돌아보며, 지난 몇 년간 나를 지탱해 왔던 메모들을 추려 봤다. 내가 견지하고자 하는 희망을 담은 메시지들. 내가 나한테 건네는 응원이자, 어디선가 자기만의 길을 걸어가는 누군가에게 띄우는 연대의 목소리다.

1.

언제부터인가 두 발이 공중에 붕 떠 있는 것 같은, 막연하고 막막한 두려움에 휩싸였다. '뜬구름 잡는 얘기하지 말자'라든가, '두 발을 땅에 딛고 서 있어야 한다'라는 식의 얘기가 강한 펀치로 훅 들어오는 일이 많아졌다. 내 안에 차오르는 물을 더 이상 외면할 수 없을 정도로 한계점에 다다랐고, "모든 것은 콘크리트처럼 구체적이다"라는 최승자 시인의 말이 원래의 맥락을 뚫고 나와 나의 모토가 되었다. 나의 슬픔과 당신의 슬픔, 나의 기쁨과 당신의 기쁨은 언제나 구체적이다. 형태 없이 허공에 떠도는 말들로 도대체 어떻게 나의 삶과 당신의 삶을 어루만질 수 있을까. 이제 나는 단 하루라도 더 살아가게 하는 희망을 원한다. 발에 질질 끌리는 질척한 절망은 이제 그만. 손으로 짓고 발로 움직이는 모험가들의 삶을 따라가다 보면, 나도 잠들어 있던 내 생의 감각을 일깨울 수 있지 않을까?

2.

'첫' 걸음의 막막함과 먹먹함을 견디고서 기어이 '다음' 발을 내디딘 사람들, 그 찰나의 용기를 수십 년의 끈기로 전환해 온 사람들. 발신과 수신이 동시에 일어나는 사람들. 자기 안에 갇히지 않으면서 자기를 잃지 않는 사람들. 언제나 연결하고 연결되는 사람들. 안으로 들어가는 힘과 밖으로 뚫고 나가는 힘을 같이 쓸 줄 아는 사람들. 이런 분들의 자취를 눈으로 몸으로 따라가며 나의 길을 가려고 한다. 외로운 삶에 외롭지 않은 순간을 잠시나마 선사하는 건 언제나 책이며, 그 책으로 연결되는 타인의 존재다. 이것이 바로 어리숙한 내가 믿고 따라갈 수 있는 한 줄기 빛이다. 오늘도 감사한 마음으로 살아가야겠다.

3.

문득 '지금 나는 충만하구나'라고 느꼈고 이 순간을 남기고 싶어졌다. 내가 사랑하는 글들에 둘러싸여서 마음에 드는 문장을 손으로 옮겨 적는 오후. 조용한 동네 골

목에는 은은하고 따뜻한 햇빛이 아낌없이 쏟아지고, 오른쪽 손목의 오래된 통증은 이제 익숙해져 친구가 되었다. 무엇보다도 이 공간에는 나를 만든 책들과 함께 내가 누군가와 만든 책들이 나란히 놓여 있다. 그 옆엔, 아무것도 읽고 싶지 않을 때 비밀스럽게 펼치는 나의 스케치북이 있고. 하루에도 수십 번씩 절망이 밀려오는데, 이제는 그 물결이 나를 온전히 관통하게끔 몸을 맡긴다. 무엇이든 결국 흘러가고 지나가기 마련이니까. 흘러가면서 만나는 것들이 예기치 못한 위안을 주고 가니까. 내면의 평온을 찾고 유지하는 법을 더 잘 익히고 싶다. 그런 여정을 함께할 도구들이 내 일상에 이미 존재하고 있다는 것을 깨닫는다. 감사하고, 또 감사하다.

4.
사랑하는 마음, 시를 쓰는 마음 가꾸기. 시선에 애정을 담아, 매일 내 몸 밖에 둥지를 트는 연습. 모든 감각을 열고 세상의 아름다움을 하나하나 느끼며 살아가야겠다. 진심으로, 오래오래 건강하게 살고 싶다.

5.
누군가의 우상이 될 필요도, 팬이 될 필요도 없다. 그저 나 자신으로 존재하는 것, 그게 필요하고 중요하다. 다른 존재를 내 외로움과 소유욕의 제물로 만들지 말 것. 친구든 연인이든. 그 사람이 생활을 스스로 잘 꾸려 나갈 수 있도록 지지하되, 그의 삶을 함부로 침범하지 않도록 조심할 것. 인생의 의미란 다른 데 있는 게 아니다. 나를 알아 가고 나를 이해하고 나를 온전히 받아들이는 것, 그게 전부다. 그게 사랑이고 의미다. 욕심부리지 말자. 빈 몸으로 와서 잠시 머물다가 빈 몸으로 떠난다. 그 사이를 메웠던 수많은 인연과의 추억은, 공허를 견디도록 우주가 허락한 선물이다. 그 이상 그 이하도 아니다.

6.
두 주먹을 꽉 쥐고, 두 눈을 똑바로 뜨고, 두 발로 단단히 땅을 디디면서 걸어가자. 머리에는 파아란 하늘을, 가슴에는 드넓은 바다를 헤엄치는 고래 한 마리를 담고

서. 고래의 숨구멍으로 뿜어져 나오는 빛을 그리면서. 누군가의 삶이 그 자체로 내게 살아갈 용기를 주었듯이, 내 삶도 누군가에게 그런 힘을 줄 수 있도록 단 한 순간도 허투루 살지 말자. 삶에 최선을 다하는 것이 나만을 위한 것이 아님을 기억하자.

7.
무거웠던 마음이 싱그러운 초록을 만나 가볍게 흩어진다. 이제 알았다. 아무리 두렵고 복잡한 하루라도 여백은 있고, 어쩌면 그 비움의 시간이야말로 스스로 온전히 빛날 수 있는 때일지도 모른다. 더욱이 아름다운 책과 함께라면. 그런 순간들을 모으고 또 모아서, 언젠가 사랑하는 사람들에게 부드럽게 스며들 수 있는 이야기를 짓고 싶다. 지금 이 잔잔한 행복을 잘 간직하길, 내일도 이런 순간을 맞이하길.

8.
왜 눈물이 나왔을까. 숙명에 몸을 내어 주고도, 오직 나 자신으로서 올곧게 살아가는 사람의 생애를 직접 보고 들었다. 구불구불 이어지는 말 속에서, 굴곡진 삶을 관통하는 하나의 심지를 느꼈다. 신이 아니라 한낱 인간이기에, 그러나 바로 그렇기 때문에 가질 수 있는 미와 덕이란 게 이런 것일까. 감히 헤아릴 수 없는 역경을 뚫고서 나의 몫을 다하며 사는 사람에게서는 빛이 난다. 맑은 빛. 강요하지 않으면서도 저절로 사로잡는 힘. 다른 이에게 천천히 스며들어, 그 사람의 삶까지도 중히 여기게 만드는 아우라. 시간은 정확하다. 살아 본 만큼 쌓이는 내공을 무시할 수 없다. 이와 동시에, 단 한 사람도 똑같은 모습으로 늙어 가지 않는다. 지혜란 거저 얻어지는 것이 아니기에. 정직하게 자신과 대면하는 사람, 단 하나의 경험도 그냥 흘려보내지 않고 반드시 뼈아픈 반성의 계기로 삼는 사람만이 조금 더 넓고 깊게 볼 수 있다. 그런 사람이 굳이 입을 열 때에는 한마디 한마디에 의미가 깃든다. 막연한 불안으로부터 조금은 자유로울 수 있을 것 같다. 인생을 너무 무겁게도 가볍게도 생각하지 말고 딱 중력만큼 느끼며 살아가야겠다.

나의 색깔대로 사는 삶. 스스로 결정하고, 일단 결정했다면 최선을 다해 살고, 결코 후회하지 않는 삶. 육신이 한 줌 재가 될 때 가져갈 수 없는 것들에 집착하지 않는 삶. 홀가분한 마음으로 강인하게 살아가는 한 생을 보았다. 오늘 밤을 잊지 말아야겠다.

9.
배운 적 없어서, 경험이 부족해서, 예산이 빠듯해서, 유명하지 않아서, 남들이 더 잘하니까, 완벽하게 하지 못할까 봐 두려워서, 혼자 다 해내고 싶어서, 동료를 믿지 못해서, 지금은 때가 아니라서, 아마도, 언젠가. 이런 식의 말들로 비겁하게 도망쳐 왔던 건 아닌지. 내가 바라는 것과 지금 하고 있는 것, 내가 가치 있게 생각하는 것과 실제로 만들어 내는 것 사이의 괴리를 그저 묵인하던 날들. 그런 날은 이제 없다. 나 스스로 분열을 견딜 수 없다. 부딪치고 깨지더라도 지금, 여기에서 시도하고 만들고 싶다. 아름답고 빛나는 것들을. 의미 있는 것들을, 누군가에게 설득하기에 앞서 내가 진심으로 좋다고 느낄 수 있는 것들을. 그것이 글이든 그림이든 출판물이든 전시든 뭐든 간에. 직접 기획하고 디자인하고 만드는 사람이 되어야겠다. 그런데 아무리 생각해도 나 혼자서는 어렵다. 나는 신념 있고 실력 있고 감각 있는 사람들을 만나 함께 일하고 싶다. 스스로 부족한 점이 많지만, 그걸 숨기기보다는 정직하게 시인하고 성장의 출발점으로 삼으려 한다.

10.
게르하르트 슈타이들을 생각하며. 나의 과거, 현재, 미래. 이미 이렇게 살아왔고 살아가는 사람이 존재한다는 것만으로도 아주 큰 힘이 된다. 이제 2022년 1월이면 아름다움 출판사를 시작한 지 4년이 된다. 그동안 이 작은 출판사가 틔워낸 '숨 시리즈' 새싹들을 돌아보며 다음 목적지를 향한 발걸음을 내딛는다. 베타 버전의 시기는 끝났다. 이제는 내가 열렬히 좋아하고 사랑하고 최고라고 생각하는 사람들과 함께 팀을 꾸릴 것이다. 그리고 이 팀으로 움직이면서 생명력이 넘치는 책-예술을 끊임없이 생산할 것이다. 바로 이곳, 하얀정원에서. 슈타이들이 사는 작은 마을에 전 세계의 예술가들이 모여들고, 한 지붕 아래에서 최고의 작품을 만들어 내는 것처럼. 그들은 서로에게서 아직 구현되지 못한, 그러나 출생이 임박한 삶을 발견한다. 이 삶이 정확한 타이밍에 최선을 다하는 몸짓들 속에서 출현하도록 하는 것, 장인들이 한데 모은 힘으로, 두터운 막을 찢고 나오게 만드는 것. 그런 일이 그들의 일상이고 삶-예술이다. 나는 그런 하루하루를 살고 싶다. 에너지와 자원의 낭비 없이, 초집중하며. 더 이상 갈망하고 그리워하고 아쉬워하고 부러워하는 마음에 나를 가두지 않을 것이다. 나는 그 마음에서 걸어 나와, 내 손으로 직접 내가 소망하고 꿈꾸고 아끼는 것들을 만들 것이다. 혼자는 못 한다. 친구들과 같이, 머리와 손을 맞대고. 우리가 -여기에 누가 들어오게 될까, 나는 어떤 연결에 들어가게 될까- 자신 있게 소개하는 무언가가 세상의 다른 존재들에게도 의미와 재미가 되기를. 다시 시작하는 마음으로, 설렘과 열정적인 마음으로, 부지런히 내년을 준비

해야겠다.

11.
스스로에게, 타인에게 넉넉한 웃음을 짓는 할머니가 되고 싶다. 한참 멀었다는 생각에 힘이 부치다가도, 내 곁의 사람들을 떠올리면 다시 일어서야겠다는 의지가 생긴다. 나는 자주 유치하고 치사한 사람이 돼 버리곤 하는데, 그 옹졸한 마음에서 어떻게든 벗어나고 싶다. 내가 나인 게 사무치게 괴로운 밤이지만, 한편으로는 이것저것 시도하며 나아질 여지가 있다는 데 안도한다. 오늘은 문득 꽃을 발견한 날. 기어이 봄은 찾아오듯, 꽁꽁 언 마음도 어느 순간 사랑 안에서 흐르는 물이 되지 않을까. 나는 희망의 눈길을 받아들이고 싶다.
(2018-2021)

3부
자아들

순례

"예술은 자신을 지우고, 비우며 한없이 새로운 세계를 향해 떠나는 항해라고 생각됩니다. 하늘로 열린 화실의 창으로 떨어지는 빗소리가 아름답습니다. 이 고요 속에서 지난 38년간의 항해를 돌아보면서, 다시 프랑스 어린이들의 여행을 생각해 봅니다."

*방혜자, 『마음의 침묵』, (주)여백미디어, 2001, pp.54-56.

내가 아이였을 때, 여주군립도서관(현 세종도서관)은 널따란 항구였고, 칸칸이 꽂혀 있는 책들은 각각 한 척의 돛단배와 같았다. 회원증을 손에 꼭 쥐고 있으면 바다에 나갈 수 있는 자격을 가진 듯 당당하고 든든했다. 나는 영락없는 꼬마 선원이었다. 친구들과 동네방네 소리치며 뛰어 노는 것도 좋아했지만, 책을 펼쳐 들었을 때 훅 빨려 들어가는 모험의 재미는 남달랐다. 어느새 나는 글자를 타고 둥둥 떠오르게 되었고 나를 잊어버린 만큼 이야기에 흠뻑 빠져들게 되었으니까. 책은 여기에서 가장 멀리 나아갈 수 있는 가장 간단한 여행 장치였다. 어린아이의 집중력이 40분도 되지 않는다고 하지만, 어떤 이야기는 두 시간 세 시간도 끄떡없을 만큼 재밌어서, 나는 아주 멀리까지 다녀오곤 했다.

방혜자 화백이 38년간의 화업을 돌아보며 언급한 항해, 그리고 프랑스 어린이들의 여행이 어떤 것일지 나는 안다. 떠나는 사람의 마음을. 울렁거리는, 흔들흔들거리는, 벅차오르는 설렘과 닻을 걷어 올리는 자의 단호한 결의를. 배가 미끄러지듯 미지로 나아갈 때, 멀어지는 뭍이 서서히 잠겨드는 푸른 그리움을.

어린 선원의 몸과 마음은 부러 비우지 않아도 가볍다. 가뿐하다. 언제든 떠날 준비가 되어 있다. 어디든

갈 수 있다. 그러나 어른의 몸과 마음은 부력을 모르는 것처럼 쉽게 떠오르지 않는다. 어른은 기본적으로 바다를 믿지 못한다. 어쩌다 떠날 결심을 하더라도 포기해 버린다. 무엇을 챙겨야 하는지, 무엇을 남겨야 하는지 모르기 때문이다. 떠나 있는 동안 맡겨 둘 것도 많아서 골치 아프다. 그래서 떠나지를 못한다. 떠나도, 돌덩이 같은 자아를 싣고 가느라 좀처럼 물살을 타지 못한다. 이렇게 항해가 몹시 어려워졌기 때문에 예술이 필요한지도 모른다. 방 화백의 말처럼 "사신을 지우고, 비우며 한없이 새로운 세계를 향해 떠나는 항해"가 예술이라면, 진짜 티켓을 끊고 바다 너머로 가지 않아도, 자유롭고 홀가분한 마음으로 멀리멀리 나아갈 수 있는 것이다.

매일 화실에서 그림을 그리는 동안, 방 화백은 어떤 생생한 삶의 현장을 겪어 냈을까? 겉보기엔 정적이고 고요한 몸짓뿐이지만, 그의 내면은 끝없이 철썩대는 파도와 만났을 것이다. 그는 선원의 대담한 가슴으로, 자기만의 별을 나침반 삼아 나아갔을 것이다. 그의 그림에서 나는 숨겨진 역동성을 본다. 자신을 뻣뻣하게 세우는 대신, 물결에 온전히 몸을 내맡김으로써 누구보다 정확한 속도로 항해했을 그. 그렇다면 그의 그림 속 별빛은 바다 위에서 만난 별빛일 것이다. 이동하면서 본, 시시각각 쏟아지는 희망의 빛덩이들. 짙고 깊은 파랑을 뚫고 나와 선원의 이마를 살살 간질였을 빛줄기들.

빛 하나하나가 그의 마음을 밝히고 앞길을 비춰 줬으리라. 자아의 외눈을 잃은 대신, 그는 수만 개의 눈-빛을 얻었으리라. 삶을 신뢰하는 자의 모험은 우주의 인도 하에 순조롭게 이뤄졌을 것이다. 자라나는 아이들에게 허락된 모험 역시 그러하다.

방 화백이 떠올린 프랑스 아이들, 그중 클레망이라는 열세 살짜리 소년은 다른 용감한 소년들과 함께 9개월간 바다를 항해했다. 돌고래와 수영하고, 배에서 일어나는 온갖 문제를 스스로 해결하며 배운 지혜는 평생 소년을 지켜 줄 것이다. 방 화백은 우리나라 아이들에겐 그런 배움이 좀처럼 허락되지 않아서 가슴이 아프다고 했다. 무거운 가방을 짊어진 채 학교와 학원을 오가며 망가진 배처럼 녹슬어 가는 아이들. 열린 바다가 아니라 닫힌 건물 속에서 자라는 아이들. 탐험이 아니라 시험에 든 아이들.

이것은 결국 자유의 문제다. 자아가 지어낸 불안에 짓눌려 틀에 박힌 삶을 사는 어른들. 자기의 두려움을 아이에게 닥쳐올 위험으로 투사하는 부모들. 그러는 동안 아이들은 자꾸만 용기와 호기심과 재미를 잃어 가고 어른보다 더 빨리 늙어 버린다.

이 글을 쓰는 지금, 나는 여주 세종도서관 창가 자리에 앉아 있다. 일곱 살 때 몇 번이고 떠날 수 있게 해 줬던 바로 그 공간이다. 며칠 전 리모델링을 거쳐 재개관했는데, 아주 멋진 여름 별장에 온 기분이다. 여기선 뭐든 꿈꾸고 쓸 수 있을 것 같다. 어디로든 떠날 수 있을 것 같다. 미지의 세계로 가는 배들이 서가에서 나를 기다리고 있다.

오늘은 당장의 돈벌이와 사회적 인정을 위해 읽고 쓰는 게 아니라, 내 안의 어린아이가 원하는 모험을 위해 읽고 쓰기로 결심한 첫날이다. 푸르른 자유의 눈을 뜨고. 방 화백이 "하늘로 열린" 창문 아래서 수없이 떠나고 돌아왔던 것처럼, 나 또한 하늘과 구름과 산을 향해 열린 창 앞에서 출항의 돛을 올린다.

  가슴을 편다. 새 숨을 쉰다.

  끝없이 펼쳐지는 아름다움의 세계로, 어린 나와 또 다른 내가 함께 뛰어든다. (2023)

내려놓음

내가 가진 것에 감사하고 내 곁에 있는 사람들과 지금 이 순간 함께 숨 쉬고 웃고 밥 먹고 이야기하며 보내는 하루에 감사한다. 요즘 배우고 있는 것이다.

아등바등할 것 없다. 삶은 일정량의 노동을 요하지만, 불필요한 일을 하지 않는 것만으로도 평안한 삶에 가까워질 수 있다.

요가를 하고 나서도 짜증이 나고 우울할 수 있다. 그렇다고 다 소용없는 건 아니다. 조금이나마 잡념에서 자유로울 수 있는 여지를 마련하는 것. 지속하면, 힘이 생길 것이다. 마음 근육, 몸 근육 모두.

세속적 성취(부와 명예) 중심의 삶을 살아온 나는 아직 이 모든 걸 내려놓는 것이 어색하다. 내려놓는 것마저 노력하려고 한다. 그래도 삶에 대한 관점이 변하고 나에게 맞는 새 길에 들어섰다는 걸 안다. 그 사실에 감사한다.

내가 좀 더 단단하고 밝은 사람이 되어 살아가기를 바란다.

이미 그렇게 되어 가고 있다.

먼 얘기가 아니다.

지식에 대한 강박도 내려놓는다. 지혜를 원하지만, 엄밀히 말하면 지혜 역시 추구의 대상이 아니다. 지혜는 삶의 정수다. 그건 살아 내는 것이며, 일부러 취득하거나 축적할 수 있는 게 아니다. 자연히 우러나는 것.

내가 할 수 있는 건 오늘 하루 마음을 가볍게 비우고, 아무 생각도 하지 않고, 나 자신과 주변과 조화롭게 숨 쉬며 존재하는 것. 그뿐이다.

내가 부족하다는 느낌 -어떠어떠한 자격 요건을 갖추

지 못했고 무슨 지식을 쌓지 못했고 누구에게서 인정을 받지 못했기에 아무 가치도 없는 인간이라는 느낌- 은 이제 더 이상 효력을 발휘하지 못한다. 나를 얽매이게 할 수 없는 낡은 아이디어인 것.

지금 이렇게 글을 쓰고, 숨을 고르고, 아무것도 애쓰지 않고 존재할 수 있음에 감사한다.

이미 좋다. 기쁘다.
새 생활, 새 삶, 새 영혼, 새 마음과 새 몸.

흐르며 산다.
흐른다.
일도 사랑도 관계도-
걱정 없이, 두려움 없이.
있는 그대로.
우주가 내게 허락하는 대로 산다.
잠시 머문다.
나에 대한 믿음이 부족할 땐 우주에 대한 상위 차원의

믿음으로 돌아간다.

귀의한다.

뜻(意). 사람은 뜻으로 산다.

그것도 큰 뜻. 야망이 아니라, 우주 전체 차원의 뜻이라는 의미에서 큰 뜻.

다른 말로 하면 의미(意味).

맛(味). 삶의 맛.

배움의 여정, 어떻게 가느냐고?

의미를 따라가면 된다.

흥미를 따라가면 된다.

나에게 어떤 맛도 주지 못하는 일, 사람, 장소를 따를 필요 없다.

그럴 땐 움직이지 않는 게 낫다. 쓸데없이 에너지 낭비하지 말고.

내가 기계나 무생물이 아니라 몸을 가진 생명체라는 걸 기억하자. 생명체의 자연스러운 움직임, 리듬. 그것이 전부다. 그것이 가장 중요하고 가장 신뢰할 만한 기준이다.

최만린 조각가의 말처럼, 나는 내 심장 소리에 맞춰 살아가야 하는 것이지, 남의 고동에 따르면 나를 잊어버리고 마는 것- (2023)

문 앞에서

집을 나서기 전에 창가 선반에 놓인 버지니아 울프의 일기를 보았다. 흰색 표지에 회색 먼지가 점점이 들러붙어 있었고, 손길이 닿지 않은 지난 몇 달의 시간을 압축해서 보여주고 있었다. 울프를 지탱한 일상, 일기 쓰기라는 엄격한 루틴에 대해 생각하며, 무의식적으로 나의 일기를 떠올렸다.

 지하철을 기다리며 메일함에 쌓인 메일 중 『The Paris Review』 뉴스레터를 열었다. 뜻밖에 울프의 잊힌 일기에 대한 기사가 포함돼 있었다. 우연의 일치. 기사 자체는 그리 흥미롭지 않았지만 요즘 내가 새롭게 들인 글쓰기 습관과 연결되는 맥락이라 곱씹어 본다.

성공한 작가의 일기를 출판하여 읽는 이유는 뭘까? 일기는 작가에게 어떤 의미인가? 내 경우, 흠모하는 작가의 일상과 성장 과정을 엿보기 위해 일기를 찾아 읽는다. 내 삶과 그의 삶을 겹쳐 놓고 보면서, 내가 미처 발견하지 못한 의미심장한 단서가 있진 않을까 샅샅이 기록을 뒤진다. 내가 작가라는 것, 내 글을 제대로 쓸 수 있게 되리라는 것을 확인하고 싶어서, 나보다 먼저 작가의 길을 걸어간 남의 이야기에 집착하는 것이다. 그들의 궤적을 충실히 살피고 기억하고 참조하면 나 역시 올바른 길로 들어서게 될 거란 기대에 부푼 채.

내가 여전히 성공하고 싶은 욕심을 못 버렸나 싶어서 걱정되긴 하지만, 글을 잘 쓰고 싶은 마음과 글로 삶을 꾸려 나가겠다는 의지는 굽히고 싶지 않다. 그리고 일기는 이 변함없는 소망을 현실로 바꾸는 나만의 의식, 신성한 루틴이다. 나아지고자 하는 노력, 하루하루 작가로 살아가는 성실성, 관찰 훈련, 반성 작용. 이 모든 것이 선명한 흔적으로 남아 있는 것이 일기다. 그러므로 나는 계속 일기를 쓸 생각이다.

   일기는 철저히 혼자일 때 쓸 수 있는 글이지만, 역설적으로 가장 강력한 연결을 가능하게 한다. 일기는 내가 사랑하는 작가들의 영혼과 내 영혼을 만나게 해 준다. 일기를 씀으로써 매일 조금씩 새로워지는 나를 만나고, 자연스레 나다운 목소리를 내기 위해 부단히 실험을 해나가게 된다.

   올해가 매듭지어질 때, 일기가 나를 어디로 데려가 줄지 기대된다. 건전한 희망을 품고 계속해서 글쓰기에 집중하기로 한다. (2023)

마곡사

1.
마곡사로 들어오는 산길에서 은회색 새 한 마리를 보았다. 계곡에 홀로 있는 수도승, 은둔자의 영혼을. 날개를 펼쳐 날아가는 모습이 왠지 모르게 가슴이 울컥할 정도로 아름답고 깊었다. 날갯죽지가 산의 능선 같았다.

자원봉사자용 방사를 배정 받았는데 내가 머물게 된 방의 이름은 팔정도(八正道) 중 정업(正業)이다. 3박 4일간 이 의미를 되새겨야겠다.

옷 갈아입고 제일 먼저 관음전 앞 복도와 내부를 빗

자루로 쓸고 청소기를 돌렸다. 4시에 단체 손님이 머무는 방에 가서 이불을 정리하고 저녁 공양 전에 대웅전에 가서 부처님께 절을 올렸다.

방 안에 불교와 명상 서적이 꽤 있어서 좋다. 그중 눈에 띈 책은 『자비수관과 뇌 과학』이다.

"나의 행복을 다른 이에게 주는 것이 사랑(慈)이요, 상대의 괴로움을 없애 주는 것이 연민(悲)이다."(p.6)

"자비수관(慈悲手觀)은 상상의 손으로 자비심을 가지고 몸과 마음의 현상을 관찰하는 명상법이다. 손은 제2의 뇌라고도 한다. 사랑(慈)과 감정의 손을 몸에 접촉시키면서 명상을 하면 뇌는 몸과 마음을 안정시키고 치유시키는 호르몬을 분비한다." (p.10)

"자비수관 명상방법은 자비손으로 5대(흙, 물, 불, 바람, 허공)의 생명 에너지를 생성시키고 활성화시킨다. (...) 자비심에 의하여 몸속의 생명 에너지는 부드럽고 온화한 모습이 되어 업(業)이 변화하면서 깨어나는 것이다. 즉, 5대 (...) 요소 등 에너지로 결합된 몸이 마치 양파처럼 차례로 껍질이 벗겨지며 해체된다. 그러므로 몸은 업(業)이 정화된 본래의 모습을 드러내며 마음만 인식되는 경지가 이루어진다. 마음만 남는 상태가 되는 것은 5대가 근본 마음에서 나왔으며, 마음에 의해 결합되었기 때문이다. 따라서 자비손에 의해 5대는 모두 마음의 모습으로 환원되어 그 근원인 한마음으로 들어가는 것이다." (p.11)

2.
작년 이맘때, 연고도 없는 완주 삼례에서 혼자 지냈다. 그 어느 때보다 철저히 혼자인 시간을 누렸다. 인적이 드물어 무섭기까지 한 시골길을 산책하며 내가 만든 상상의 공포와 싸웠고, 낮이면 묘한 해방감을 느끼며 하늘이 시시각각 바뀌는 모습을 바라보곤 했다. 매일의 구름에 감탄하며 전율을 느끼고, 스산한 바람에 머리카락이 아무렇게나 휘날리도록 내버려 뒀다. 무엇보다 정말로 고독을 맛보는 동안, 내 안의 내가 부서지고 솟아나면서 고양되는 것을 느꼈다. 이 시기에 글쓰기도 변화했다. 깊고 철저한, 엄청난 집중력을 쏟아 붓는 과정이 지속되었다. 삼례에서 보낸 4개월이 내 인생의 전환점이었음을 안다. 나는 그 어느 때보다 지독히 불안했고 취약했지만, 동시에 그 어느 때보다 생산적이고 열정적인 시간을 보냈다. 매 시간 영감이 내려왔고 내 소명이 글쓰기에 있음을 처절히 알게 되었다. 작가로 태어나기 위해 고통스럽게 알껍데기를 쪼아 대던 아기 새가, 드디어 적확한 때와 장소를 만나 바깥에서 같이 알껍데기를 쪼아 주는 운명의 힘을 받은 것이다. 감히 이런 말을 한다. 나는 그때 다시 태어났다고.

나만 아는 그 지독한 변형, 치유의 과정을 겪고 나서 서울로 돌아왔더니 나를 기다리고 있는 건 메마른 일상과 지겨운 한계였다. 나는 몇 개월을 도망 다니는 심정으로 살았다. 사회가 요구하는 자격을 갖춰야 함을 알면서도 그게 그렇게 싫었던 것. 바닥에 뒹구는 낙엽 하나, 길에서 만난 고양이 한 마리, 성당 십자가 주위를 붉게 물들이는 노을을 보며 신비로운 느낌에 감싸였던 나는 이제 없었다. 감각이, 영혼이 다 죽은 것이다.

이래서는 안 된다는 위기감을 느낄 때마다, 그토록

탈출하고 싶었던 삼례의 독방이, 새벽에 내려 마시던 핸드 드립 커피와 바흐 무반주 첼로곡의 선율이, 홀로 걷던 산책길이 그리워졌다. 오늘 마곡사로 흘러 들어온 것도 그때를 그리워하는 마음과 같은 마음이 작용한 것일지도. 혼자 있고 싶었다. 말 거는 사람도 거의 없고 오직 나와 자연만 있는 곳에서, 깊게 숨 쉬며 걷고 싶었다. 가만히 있을 때 불현듯 찾아오는 예감과 번뜩이는 이미지들과 뼈 아픈 깨달음이 내겐 절실했다. 무엇보다 지금 쥐고 있는 모든 욕심을 내려놓고 싶었다. 내 안팎에 군더더기들이 덕지덕지 붙어 있는 게 싫었다. 가만히, 고요하게 앉아 있고 싶었다. 홀가분하게.

3.
마곡사에서 보내는 두 번째 날. 새벽 목탁 소리에 눈 뜨고, 저녁 공양 직후 울려 퍼지는 범종 소리에 마음을 편다. 구김살 많은 자아를 살살 다독이는 소리. 부드러운 듯 단호한 울림.

4.

스님과 마주 앉아 오색실로 열쇠를 꾸몄다. 처음엔 스님 혼자 하고 계셨는데, 엉켜 있던 실타래를 풀어드리고 머리 따듯이 해드렸더니 좋아하셨다. 손재주가 좋다며 환하게 웃으셨는데 참 밝고 깨끗한 얼굴이었다. 소소하게 손을 움직이는 일로 소박한 웃음을 줄 수 있어서 기뻤다. 어제 오후의 한 조각을 남긴다.

5.

이틀간 고생했다며 자유 시간을 주셨다. 마곡사에 온 지 3일 만에 찬찬히 둘러볼 시간이 허락되었다. 기념품 가게에서 『성철스님 백일법문』 상권을 구입하고 잔돈으로 캔 커피를 뽑아 마셨다. 영산전에 3천 원을 넣고 절을 올린 뒤 절 안을 천천히 걸어 보았다. 계곡물 흐르는 모습이 시원하고 좋다. 이제야 숨통이 트인다. 노동하는 사람이 아닌 쉬는 사람의 눈으로 돌아보는 풍경은 사뭇 다르다. 오래된 절이 품은 빛 바랜, 그러나 고고한 아름다움을 눈에 담는 중. 현판 글씨와 연꽃 무늬, 세월과 함께 옅어진 미묘한 초록빛 서까래와 문살. 바삐 걸어갈 땐 보이지 않았던 바위 위 꼬마 돌탑들까지. 발 닿는 곳, 눈길 닿는 곳 어디에나 염원이 깃들어 있다.

절 안 가득 염불 소리가 울려 퍼진다. 스님의 염불은 땅 끝을 파고들면서 나무처럼 하늘을 향해 뻗어 가는 기도이자 노래다. 발에 채이는 아픔까지 모두 끌어안고 토닥여 올려 보내는 깊고 깊은 연민의 소리다. 인간사의 굴곡을 따라 굽이치며 아래로부터 함께하는 자비의 음성이다. 흐름이다.

6.
부끄러움.
부.
끄.
러.
움.
끓어오르는 화를 가라앉히지 못하고
헛된 미움을 풀어내지 못하고

정신을 갈아 올바른 데 쓰지 못하고 타인을 겨누는 데 쓴다.

다 자신에게 돌아오는 업을 짓는 것임을 모르는가?

수행은 끝이 없다. 받아들이고, 자책도 하지 않고, 매일 정진할 뿐이다. 부끄러운 걸 아는 것이 다행이고 감사할 일이다. (2023)

도반

마곡사 템플스테이를 마치고 공주 시내에 돌아와 제6회 풀꽃문학제 가족백일장에 참가했다. 오늘 쓴 시 「도반」을 옮겨 적는다.

한 점 먼지
뒹구는 바닥

너와 나
하늘을 보네

갈 곳 잃은 별들
나란히
하늘을 그리네

홀로 된 어둠
끝이 나고

끊이지 않는 노래가
길이 되네

우리,
별의 후예들

말 없는 미소로
하늘을 건너네
(2023)

*제6회 풀꽃문학제 가족백일장 장려상 수상작

황새바위에서

빛의 문이 열렸다. 내가 초대 받았다는 사실을 알게 되었다. 사람으로 태어나 사람답게 살다가 가자. 그러기 위해 내가 할 수 있는 가장 정확한 일은 감사하는 것 그리고 믿는 것이다. 내가 원하는 일 말고, 나를 통해 이루어지는 일에 주의를 기울이기. 바른 도구가 되기. 철저히. 스스로 기뻐하며, 이웃에게 그 기쁨을 나눠 주는 사람이 되자. 오늘 황새바위에 간 일은 언제나 우주의 인도를 받고 있음을 굳건히 믿게 된 계기였다. 감사합니다. 감사합니다. 감사합니다. (2023)

불어온다

불어온다. 바람이. 낡은 껍질은 으스러져 잿가루처럼 흩어지고 아기 피부처럼 보드랍고 순수한 내가 남았다. 떠날 시간이다. 괴테가 예감에 찬 젊은 날을 회고했듯이 내가 보내는 지금 이 순간도 신비로운 예감에 휩싸여 있는 것이리라. 바람이 훑고 지나간 자리, 칼 같이 예리한 힘이 깊숙한 상처를 건드리고 지나갈 때, 오히려 명징하게 알게 되는 진실이 있다. 가장 아픈 곳이 가장 큰 변화의 기회를 품은 옥토라는 것. 환기되는 고통은 깨어져 흩어질 마지막 벽이라는 것. 그 벽을 무너뜨리고 비로소 최초의 자유를 들이마시게 되리라- 그때가 바로 지금이다.

  삶은 언제나 가장 큰 낙하와 어둠 직후에 가장 찬란한 상승과 햇살을 주었다. 나는 그 사실에 감사한다. 계속 배우고 새로워지며 써 나갈 삶이 내게 남아 있다는 사실에 기뻐한다. 1초라는 황금을, 1초라는 다이아몬드를 나만의 정신으로 정성 들여 세공해 나갈 것이다. 내 안에서 영원토록 빛나는 하나, 나와 함께 지상으로 내려온 오래된 별 하나를 그 보석에 비춰 볼 것이다. 두려움과 슬픔, 걱정과 불안은 그 눈부신 빛에 부딪혀 일순간 멸할 것이다.

  잘 가고 있다. 변하는 것 가운데 변하지 않는 것, 그 가치가 나를 부르고 있다. 나를 이끌어 주고 있다. 나는 그와 더불어 새로워질 수 있다. 내 생명력은 시공을 초월한 지혜, 그 맥으로부터 이어진다. 이 사실이 오늘 나를 움직이는 확실한 기준이자 지침이다. (2023)

해방

1.
글 한 편을 보고 누군가를 사랑하게 될 수 있을까? 기이한 사랑의 시작. 그 글이 전혀 예상하지 못한 세계를 열어 보여주는 게 아니라, 내가 정말로 하고 싶었던 말을 대신 해 주고 있다는 이유로 '좋다'고 느꼈다면, 그건 진짜 사랑이라고 말할 수 있을까? 결국 나는 나를 사랑하고 싶었던 것 아닐까? 나는 그저 나를 찾아 헤맸던 것 아닐까? 진정으로 타인을, 낯선 타자를 만난 적이 있기는 할까? 애초에 내 모든 관심과 에너지는 바깥 세상에 있지 않고 오로지 나 자신을 탐구하는 데 쏠려 있었던 것 아닐까? 무엇을 탐구하는 거냐고 누군가는 묻겠지. 간단하다. 상처다. 뻥 뚫려 버린 구멍이다. 허무, 공허다. 죽음이다. 의미의 부재다. 평생 나를 괴롭히는 질병의 이름은 이것이다. '상실감'. 상실이 아니라, 상실의 감각 혹은 감정이다. 나는 아직 이것을 다루는 법을 알지 못한다. 여전히 견습생처럼 살아간다. 그리고 이 서툰 배움의 여정은 '미술비평가'라는 어색한 페르소나를 입고 이루어진다. 나는 지금부터 이 가면에 대해 파헤쳐 볼 생각이다. 내가 왜 하필 이런 가면을 쓰게 됐는지, 중간에 벗어던지지 않고 용케 몇 년을 버틸 수 있었던 동력은 무엇인지, 그래서 앞으로는 이 페르소나를 가지고 어떻게 할 셈인지 낱낱이 살펴볼 것이다. 기이하고 놀랍다. 전혀 자연스럽지 않은 옷을 입고 어떻게 그럭저럭 생활을 이어 갈 수 있었는지. 열정은 또 어디서 나오는 건지. 이 글에서 비로소 그 가면과 본래의 나를 떼어놓고 볼 수 있게 되었다. 나 자신의 정신분석가가 되어 가감없이 써 내려가 볼 것이다.

2.

오랫동안 누군가가 천장에서 나를 내려다보고 있다는 느낌에 시달렸다. 나는 그를 보지 못하는데, 그는 나를 볼 수 있다. 언제 어디서나 그는 나의 일거수일투족을 지켜본다. 나는 짓지도 않은 죄에 짓눌려 두려워한다. 들킬까 봐 불안해한다. (무엇을?) 사생활이 전혀 없는 삶을 살아가는 느낌. 그 초월적인 주시자는 바로 내 남동생이다. 그는 10년 전에 나보다 먼저 죽었다. 그가 마지막으로 입었던 중학교 교복이 아버지 방에 걸려 있다. 내가 그 옷을 손으로 만져 보기까지 10년이 걸렸다.

 옷 얘기가 나와서 말인데, 갑자기 스쳐 가는 느낌이 있다. 9년 전, 그러니까 2014년에 나는 남동생이 즐겨 입었던 남색 반팔 카라티를 입고 다녔다. 일부러 그랬다. 애도 행위라는 자각은 없었고 좀 이상한 마음이 계기가 되었는데 말로 옮기기가 어렵다. 나처럼 망자의 옷을 입는 사람들이 있다는 건 훨씬 뒤에 알았다. 미학과 대학원을 다니는 동안 나는 정신분석학- 그 중에서도 멜랑콜리, 환상통, 트라우마 관련된 글에 심취해 있었는데, 그 즈음의 공부를 통해 알게 됐다. 아무튼 문제의 그 '느낌'이 어땠냐면, 따가움에 가까운 간지러움이었다. 상체가 따끔따끔거리고 이물감이 드는데도 그 옷을 벗어 던지지 않았다. 특히 목에 반쯤 올라오는 카라가 굉장히 거슬렸는데, 거울을 보며 '꽤 잘 어울리네'라는 기묘한 생각을 했던 기억이 난다. 그때 거울 속의 '나'는 머리를 기르고 있다. 아주 긴 생머리는 아니고, 숏컷에서 숏단발을 거쳐 애매한 중단발로 가고 있는 중이다. 당시 촌스럽게 반묶음을 하고 귀 옆으로 애교머리까지 내리고서 핑크빛 (때로는 민트색) 리본 머리끈을 했다. 그래 놓고 행동은 거칠기 짝이 없었다. 꽤 폭력적인 성향을 띠었고 드럼을 몽둥이질 하듯 치거나 술을 먹고 주변 친구나 남자 후배들을 때리는 식으로 에너지를 분출하곤 했다. 지금 생각하면 아찔하고 심각하게 병적이다 싶은데, 그때 왜 내 곁에 사람들이 남아 있었는지 -나의 폭력을 '장난'으로 눈 감아 주고 있었는지- 이해가 안 된다. 그들도 나와 비슷한 무리의 사람이었던 건지?

    술 얘기가 나왔으니 그냥 넘어갈 수 없다. 이 얘기를

제대로 다루려면 따로 책 한 권을 써야 할 것이다. 그러나 지금은 원치 않으므로 간추려 쓴다. 한마디로 나는 알코올 중독자다. 20살부터. 그리고 지금은 회복 중이다. 아주 가끔 술자리에서 심하게 취해 과거의 망령이 튀어나오기도 했는데, 그래도 좌절하지 않고 계속 노력 중이다. 나는 내가 술을 더 이상 원하지 않을 뿐더러, 늘 정신을 맑게 유지하기를 원한다는 걸 잘 안다. 나는 내 영혼의 요구를 들어줄 생각이다.

나는 자유롭기를 원한다. 술은 자유의 반대다. 인간이 말려들 수 있는 가장 지독한 파멸의 늪을 맛보고 싶다면 매일 술을 마셔 봐라. 자기 파괴의 끝을 알게 될 것이다.

내가 어떻게 그 늪에서 빠져나왔는지 자세히 쓸 수 있다면 좋을 텐데. 너무 기적처럼, 스르르 풀려나와 회복의 과정을 복기하기가 쉽지는 않다. 지금 이 순간에도 술로 고통받는 사람들이 너무나 많다는 걸 안다. 멀리 있는 얘기처럼 쓰고 있는데, 사실 내 얘기다. 나의 아버지는 나보다 더 안 좋은 상태에서 오랫동안 버텨 왔다. 그는 강을 건넜다. 나는 그를 생각할 수도, 똑바로 바라

볼 수도 없다. 깊고 통렬한 연민과 무력감을 느낀다. 나의 여동생은 필생의 연구 주제로 영성과 알코올 문제 치유의 연관성을 잡았다. 동생의 길을 가늠할 때마다 아픔과 희망을 동시에 느낀다. 내가 동생에게 느끼는 감정은 단순한 우애를 넘어선다. '연대'도 적절치 않다. 나는 그가 외롭지 않기를 바란다. 그가 자유롭기를 바라고, 행복하기를 -이런 말을 써도 될까?- 바란다. 곁에서 조금이라도 힘을 보탤 수 있다면 주저하지 않고 움직일 것이다. 지금까지 그래 왔던 것처럼.

3.
놀랍다. 이 노트에 펜이 닿는 감촉이 예사롭지 않다. 전혀 저항이 느껴지지 않는다. 술술 써진다. 내면에서 흘러나오는 음성이 실시간으로 텍스트로 변환된다. 여태껏 이런 느낌은 처음이다. 아주 단단히 동기화되어 있다. 나의 정신과 이 펜과 노트가. 이럴 수 있구나. 놀랍다. 나, 이런 얘기를 하고 싶었구나. 그동안 돌려 말하느라 얼마나 힘들었나? 대단하다. 어떻게 참고 있었나? 내가 억압이 심한 사람인 건 진작 알고 있었지만 이 정도인지는 몰랐다. 내 몸의 쓸데없는 긴장과 경직된 감각의 원인을 알았다. 심리적 억압, 마음의 족쇄와 재갈은 몸을 물리적으로 옥죄기도 한다. 그렇게 되면 내가 아무리 '자유롭다'고 느껴도 착각에 불과한 것이 된다. 나도 모르게 아주 깊숙이 억누르고 있던 기억이 내 목소리를 내고 내 숨을 쉬는 것을 가로막고 있기 때문이다.

한 단어로 말하자면 '해방'이다.

나는 지금, 이제야, 비로소, 나 자신에게 풀려남을 선물한다. 그토록 바라 왔듯이 펜, 글쓰기로써. 머리가 아주 상쾌하다. 이보다 더 명료한 적이 있었던가? 이보다 더 거침없었던 적이 있었나?

사람은 이야기를 필요로 하고, 그 이야기는 결국 '자신의' 이야기다. 자기 이야기를 자기가 쓰지를 못해서 자꾸 남의 이야기를 기웃거리고 남이 쓴 책을 보고 남에게 상담을 받거나 위로를 구한다. (이 모든 게 부질없다는 뜻은 아니니 오해하지 말기를. 나는 글을 통한 연대를 믿는 사람이다.) 그러나 결국 자신을 구할 수 있는 건 자신이고, 나를 100% 만족시키고 일으켜 세울 수 있는 이야기는 내가 쓴 이야기, 내가 나 자신에게 들려주는 이야기다. 그 자명한 진실을 오늘 알았다. (2023)

축복

나의 고통을 저주로 여기지 않겠다. '고통이 내 안에 새기는 세부'*를 들여다보며 글을 쓸 것이다. 글이 써지는 순간은 내 인생에서 가장 순수한 증류가 이루어지는 순간. 내 일상의 모든 것은 그 순간을 위해 존재한다. 나는 정성껏 시간과 공간을 다듬어 글쓰는 시간을 마련한다. 앞으로 이 일에 더 깊은 애정을 쏟고 공을 들일 것이다. 다른 이가 아닌 나 자신을 위해, 정확히는 내 영혼을 위해.

허튼 말과 생각 같지 않은 생각으로 너무나 많은 죄

를 짓고 살아왔기에, 남은 생은 그 죄를 뉘우치며 철저한 고독 속에서 살아가겠다.

글이 남는다면 남는 것이고, 아무것도 남지 않는다면 그건 그대로 쾌적하고 좋을 것이다.

경망스러운 나도 나의 선생이니, 잘 모시며 살아가겠다. 이 또한 내 선택이다.

말보다 글과 가깝게 지내기로 한다.

글보다 침묵과 가깝게 지내기로 한다. (2023)

*대니 샤피로, 『계속 쓰기: 나의 단어로』, 한유주 옮김, 도서출판 마티, 2022, p.47.

아버지가 내게 물려준 것

책.

독립심, 자기 주도적 삶의 태도, 용기, 겸손, 인내.

품위.

자유. 나의 길을 가는 당당함.

책임감.

최선을 다해 사랑하려는 노력과 의지.

자신은 무조건적 사랑을 받지 못했지만 자식에게는 아낌없는 신뢰와 자긍심, 사랑을 불어넣어 줌. (2023)

결단

풀리지 않는 정신의 매듭을 잘라 낸다.

　매듭이라고 표현했지만 이제 보니 응고된 혈이다. 지혈은 오래전에 했지만 구멍을 막고 있는 딱딱한 핏덩어리를 치울 생각은 미처 하지 못했다. 그게 영롱한 구슬이라도 되는 것처럼 이리저리 빛에 비춰 보며 과거에 갇혀 있었다. 이 '과거'란, 나 자신에게서 위로를 구하지 못하고 타인에게서 불가능한 위안을 얻고자 한 어리석음이다.

　나는 내가 무엇을 바라는지도 모른 채 타성에 젖은

눈길로 바깥을 헤맸다. 내가 기대하는 것을 줄 수 없고 그럴 생각도 없는 누군가에게 계속해서 집착하는 것. 집착이 습관이 되고 습관이 정신을 집어삼켜 부지불식간에 고장난 패턴을 반복하는 것.

어제 문득 그런 나를 멀찍이 떨어져 바라볼 수 있었다. 자각이 일었을 때 수치심보다는 안도감이 들었고 웃음이 나왔다. 이것이 관찰의 힘이구나, 아주 조금씩 나를 사물처럼 관조할 수 있게 됐구나 싶었다.

갈망을 멈출 순 없겠지만, 그 추동의 방향을 내 안의 세계로 돌려, 나를 기다리고 있는 무수한 나에게 간다.
(2023)

인생 뒤집기 게임

어제 '익명의 알코올 중독자들(A.A.)' 모임에 다녀왔고 내일부터 가능한 한 매일 모임에 참석하기로 했다. 바닥 치고 올라가는 것, 불행과 행복을 종이 앞뒷면처럼 뒤집는 것, 이 모든 이미지는 하나의 진실을 가리키고 있다. 삶을 파괴하는 것과 재건하는 것 사이에 심연이 있는 것처럼 보이지만, 실제로는 두 가지 방향이 서로 맞닿아 있는 하나의 차원이라는 것. 그리고 일어설 용기, 즉 근본적으로 정신과 신체를 바꾸고 새 삶을 시작할 용기는 아주 작은 손짓 하나로 압축될 수 있다는 것.

종이를 살짝 뒤집는 것처럼.

그러나 불행의 한복판에 있는 사람에게는 그 작은 제스처 하나도 초자연적 힘이 필요한 것처럼 보인다. 손가락으로 얇은 종잇장을 들어올리는 일조차 버겁게 느끼는 것이다. 하지만 나는 말하고 싶다. 지금, 지금, 지금, 바로 이 1초에 인생이 뒤집힐 수 있다고. 큰 기대 없이 그냥 '가 보자' 하는 심정으로 몸을 일으켜 보자고. 불신도 힘이 드는 일이니 괜히 힘 빼지 말고, 그냥 믿어 보자고.

종이를 뒤집는 이미지를 계속 가져가 본다. 운동장에 청군 백군 나뉘어 서서, 한 면은 파랑, 다른 면은 하양인 양면 색종이를 뒤집는 장면을 떠올린다. 제한 시간 안에 더 많은 종이가 해당 팀 색으로 되어 있으면 이긴다. 내가 뒤집으면 바로 다른 팀이 와서 반대로 뒤집어 놓는다. 이러기를 수십 번 반복한다. 어찌 보면 굉장히 무용한 짓 같은데 게임으로 가져가면 굉장히 몰두하게 되고 종이 한 장 한 장에 집중하게 된다.

나는 우리 삶이 이런 것 같다. 다만, 이 뒤집기 게임이 내 안에서 일어나는 경기라는 점을 강조하고 싶다. 나와 내가 싸운다. 나의 가장 큰 적은 나다. 나는 천사와 악마가 서로 다른 귀에 속삭이는 이미지보다, 양면 색종이 뒤집기 게임이 인생을 더 정확하게 보여준다고 생각한다. 모든 중독적인 습관과 부정적인 사고 회로를 끊어 내는 과정은 반복해서 색종이를 뒤집는 행위와 같다. 그리고 이 게임에 제한 시간이 주어진다는 점은 인생의 유한함을, 육신에서 해방되는 마지막 순간을 상기시켜 준다.

한때 나는 내 안의 부정적인 힘들을 어찌 하지 못해 너무 지긋지긋했다. 한 번 시동이 걸리면 폭주하는 자동차처럼 돌변하는 나, 광분하는 에고에 뒤집어 씌워진 나를 감당할 수 없었다. 나는 스스로 구제 불능이라고 느꼈다. 그러나 이제 나는 안다. (예전의 나도 어렴풋이 알고 있던 것처럼) 나를 바꾸는 일은 온오프 스위치 누르는 것처럼 간단하다는 것을. 종이 뒤집기처럼 가볍고 소소하다는 것을. 나를 바꾸기 싫은 마음이, 쓸데없는 고집과 자존심이, 관성에서 이탈하는 것이 어색하게 느껴져서 도망가고 싶은 마음이, 변화를 시작하는 첫걸음을 천근만근 무겁게 과장하고 있다는 것을.

   지금 나는 내 인생에서 가장 중요하고 근본적인 변화를 겪는 중이다. 이제 나 자신과 인생의 행불행에 대한 더 나은 비유를 고안하고자 한다. 우리는 비유에 갇히기도 하고 비유 덕분에 날아오르기도 한다. 동작 하나, 사물 하나, 한 문장이 모든 것을 결정한다. 정확하고 단순한 이미지 속에 내 몸과 마음을 위치시키는 일이 그 어느 때보다 중요하다는 사실을 인식한다. (2024)

한 걸음

자유롭기 위해서는 달려야 한다고 생각했다. 질주. 질주하는 나. 야생마 같은 나. 그런데 내 몸으로 낼 수 있는 속도에는 한계가 있고 갈 수 있는 곳도 제한돼 있다. 그래서 탈것에 실려 이동하는 나를 그려 본다. 내가 훌쩍 떠나기 위해 애용하는 수단은 기차다. 지하철이든 KTX든 기차 안에서는 책을 읽을 수 있어서 좋다. 여행 안의 여행을 즐긴다. 책 속에 빠져드는 것 또한 이동이고 여행이므로. 또, 쏟아지는 햇볕에 뺨을 달구며 차창 너머를 바라보는 걸 좋아한다. 애쓰지 않아도 저절로 명상의 상태에 접어들면서 머릿속이 비워진다. 나를 스쳐 지나가는 풍경들을 굳이 붙잡거나 저장하지 않아도 된다. 그냥 흘러가게 둔다. 그게 좋다. 얽매이지 않아서.

나는 (솔직히) 매일 떠나고 싶다. (가능하다면) 매일 다른 곳에 있고 싶다. 낯선 사람들, 공기, 색깔, 이국적인 냄새와 분위기 속에 있고 싶다. 매일 아침 눈 뜨자마자 제비 뽑기를 해서 여행지를 정하고 거기서 딱 하루를 보내고 싶다. 다음날엔 또 다른 제비를 뽑아 이동하면서 살고 싶다. 이렇게 쓰고 나니까 저 윗줄의 ( ) 속에 집어 넣은 진심과 가능성이 눈에 밟힌다. 새장에 갇힌 새, 채집망 속에 포획된 나비 같다. 옴짝달싹 못 하는 나를 풀어 줘야겠다. 나를 저 괄호 속에 가둔 사람은 나다. 나를 열어 줄 수 있는 사람도 나다. 열쇠를 갖고 있으면서도 잊은 채 살아간 이유는 뭘까? 두려움 때문인지? 어제 읽은 알코올 중독 회복에 관한 책에서 두려움은 '영적 병(病)'이라고 했다. 그렇다. 나는 영적으로 병들어 있었다. 멀쩡한 사지와 체력을 갖고 있어도

원하는 대로 떠나지 못했던 건 나의 작은 에고가 부풀려 놓은 위험과 망상에 불과한 장애물 때문이었다. '솔직히'라고 말할 게 아니라 매 순간을 진짜로 살아야 하고, '가능하다면'이라는 말 뒤에 숨을 게 아니라 지금 가능하다는 사실을 알아차려야 한다. 내가 나 자신에게 허용하기만 하면 된다. 마음을 열면 된다. '그게 어떻게 가능하냐'고 물을 필요 없다. 내가 지금 떠날 수 있다고 믿으면, 진짜로 믿으면, 그 순간 나는 움직이기 시작한다. 가만히 있을 수 없다. 그리고 우주가 나를 떠밀어준다. 추진력이 생기고, 어느새 나는 길 위에 있는 자신을 발견한다. 진정한 자유는 열린 가슴, 언제든지 떠날 수 있다는 믿음에서 출발한다. 나는 나를 가둔 관계, 나를 갉아먹는 죄책감과 분노와 자기 연민에서 떠나올 수 있다. 내가 그럴 수 있다고 믿는다면. 내가 그러기를 진정으로 원한다면.

 이 글을 쓰면서 알게 됐다. 나는 움직일 수 있다. 떠날 수 있다. 가고 싶은 곳에 갈 수 있다. 보고 싶은 사람이 있는 곳으로 갈 수 있다. 그래도 된다. 그래도 된다고, 나한테 말한다. 살아도 된다고. 사랑해도 된다고. 그 누구에게 얽매이지 않아도 된다고. 바람처럼, 어느 한 나무에 걸려 있지 않아도 된다고. (2024)

당신의 선택

당신은 아직 가져 본 적 없는 자유를 당신의 동반자에게 맡긴다. 동반을 약속한 사이이므로, 그가 자유롭다면 그의 곁을 지키는 당신도 자연히 자유로울 거라고 믿는다. 그러나 당신과 당신의 동반자는 이중으로 구속된다. 1993년 10월 17일의 서약이 두 사람을 하나로 묶는다. 묶였으므로 혼자가 될 수 없다. 두 사람 사이의 틈은 허용되지 않는다. 당신이 저쪽으로 가려 할 때 당신의 파트너는 꿈쩍도 하지 않거나 이쪽으로 가야 한다고 말한다. 둘을 하나로 옭아맨 오랏줄 속에서 몸부림

만이 살아 있다. 둘의 영혼은 체념을 배운다. 매일. 받아들이지 못하는 것을 받아들이는 법을 배우라고 붙여 준 한 쌍 같다.

한편, 당신은 지나치게 자기일 뿐이라서 괴롭다. 단지 자신일 뿐이라서 자유롭지 못하다. 당신은 당신의 동반자가 아니다. 그가 될 수 없다. 그의 마음을 알 수 없다. 그를 이해할 수도, 바꿀 수도 없다. 당신과 당신의 동반자 사이엔 건너갈 수 없는 심연이 있다. 숨 쉴 때마다 심연에서 올라오는 서늘한 공기가 코로 들어온다. 외로움이다. 당신은 30여 년 전의 약속과 존재 자체의 딜레마에 갇혔다. 풀려나는 법을 모른 채.

당신과 당신의 파트너 사이에 놓인 나는 아무것도 모르면서 아무것도 모르는 채로 아무것도 몰라서 할 수 있는 말을 내지른다. 두 사람의 결속을 비웃는다. 당장 갈라서라고 소리친다. 둘을 풀려나게 할 주문은 당신이 욀 수 있다고 주장한다. 새장의 열쇠를 당신이 쥐고 있다고 말한다. 그러면 당신은 갑자기 완고해진다. 내가 알 수 없는 방식으로 '주체적'인 사람이 된다. 주체적인 당신은 고집스럽게, 기이한 신념에 따라 말한다. 그럴 수 없다고. 내가 던진 말 덕분에 당신의 불씨가 살아난다. 부자유라는 모닥불은 꺼지기는커녕 더 활활 타오른다. 꺼지지 않을 불이다. 그 불길은 두 사람의 육신을 전부 태울 때까지 멈추지 않을 것이다. 나는 그 불을 지옥불이라고 보지만 차마 그렇다고 입 밖에 낼 수 없다. 그건 모욕이니까. 나는 잔인해서는 안 된다.

  나는 오랫동안 당신의 부자유가 나의 부자유인 것처럼 슬퍼했다. 나는 아팠다. 당신을 보는 것만으로도. 그러나 이제는 안다. 당신과 당신의 동반자가 이룬 운명공동체가 나의 운명을 결정하지는 않는다는 사실을. 당신 두 사람의 부자유는 나의 탄생 조건이었다. 내 인생의 초기값일 뿐이다. 그러므로 내겐 당신을 보면서 분노할 이유가 없다. 자유를 빼앗긴 것처럼 굴 필요가 없다. 나는 당신의 파트너와 결혼하지 않았다. 당신과 당신의 동반자가 짊어진 짐을 내가 짊어질 수는 없다. 그러니 다행인가? 그래, 다행이다. 대신 나는 내 몫의 부자유를 스스로 지어낸다. 당신의 동반자 관계를 흉내내면서. '그래야만 할 것 같다'는 당신의 믿음을 나의 믿음으로 재생하면서. 나에게 자유란 그 반복을 멈추는 것이다. 하지만 그게 어떻게 가능한지는 모르겠다.

  나는 당신이 자유롭지 않다는 것을 잘 알지만, 내가 당신과 달리 자유로운 사람이라고 딱 잘라 말할 수 없다. 이상한 얘기로 들리겠지만, 어쩌면 당신의 자유는 당신이 선택한 부자유 속에서, (당신이 당신의 동반자에게 넘긴 자유 속에서) 겪을 걸 겪고 난 뒤에야 선물처럼 주어지는 것일지도 모른다. 영원한 안식이라는 이름으로. (2024)

어떤 꿈

불을 켠 채 잠이 들면 눈이 망가지는 꿈을 꾼다. 이번에도 그랬다. 꿈속에서 나는 눈이 뻑뻑해서 렌즈를 뺐고, 렌즈 테두리 모양으로 눈에 흔적이 생긴 것을 보았다. 정확히 말하면, 렌즈가 있던 자리가 원형으로 벗겨져 나간 것. 눈동자에 금이 갔고 그 주위로 밀려나거나 부풀어 오른 찌꺼기가 보였다. 흰자의 표면도 데운 우유의 표면에 떠다니는 물질처럼 흐느적거렸다. 눈동자가 분홍빛이 되어 버렸던 것으로 기억한다. 렌즈를 벗을 때 두 손가락으로 느끼는 감촉이 생경했다. 내 생각보다 두껍고 딱딱한 렌즈였다. 하드 렌즈였던 것 같고, 렌즈의 테두리가 몹시 날카로워 베일 것 같았다. '이걸 눈에 붙이고 있었다고?' 하면서 속으로 놀랐다. 눈이 망가져 실명할까 봐 무서워진 나는 급히 동생을 불렀다. 이제 어떡하냐고 두려움에 떨면서 동생을 바라봤는데, 동생은 의외로 초연했다. "눈도 재생시키는 기술이 있어."라고 말해 준 것으로 기억한다. 안심이 되지는 않았지만 그래도 아예 방법이 없는 것보다는 나았다.

꿈에서 깨고 난 뒤 생각해 보니, 이 일화는 영적 성장에 관한 이야기라는 깨달음이 왔다. 그동안 내가 끼고 있던 하드 렌즈는 (소프트 렌즈가 아니라) 말 그대로 딱딱해진 눈, 세상을 보는 경직된 시선 혹은 필터를 상징한다. 그걸 벗겨 내고 맨눈이 되었다는 건 요즘의 내가 A.A.를 다니면서 나 자신과 세상을 있는 그대로 바라보는 훈련을 하고 있는 것과 연관된다. 눈을 재생시키는 기술이 있다는 것은 영적 개안, 신성한 직관의 회복, 그로써 새로 태어나는 길을 가리킨다. 그 길을 잘 가기 위한 기술이 있다는 것을, 언제나 나보다 앞서 걸어가는 동생이 귀띔해 준 것이다.

꿈에 대한 기록을 하다 보니 내가 지금 얼마나 중요한 변화를 겪고 있는지 알게 됐다. 그걸 알아차리니 마음이 편안해졌다. 잘 가고 있다. 잘 살고 있다. 이게 맞다. 내 길이다. 혼자가 아니다. 동생이 있고 동료가 있고 A.A. 멤버 선생님들이 있고 온 우주가 있다. 함께 가는 길. 이 변화를 즐기고 감사히 여기며 하루하루 나아질 수 있음에 감사한다.

3월 1일에서 2일로 넘어가는 밤에 꾼 꿈도 영적 성장과 관련이 있다. 여주 집 앞 버스 정류장에서 아빠와 함께 버스를 기다리는 나. 이제 막 고등학교에 진학하는 상황이었고 등교 첫날 아침이었다. 근데 아무리 기다려도 내가 타야 하는 버스가 안 왔다. 불안해서 계속 네이버 지도 앱을 켜서 확인하는데 갑자기 학교 이름이 생각이 안 났다. 용인에 있는 고등학교라는 것만 기억이 났다. 중간중간 합격 통지서를 폰으로 열어 보며 학교 이름을 확인해도 계속 까먹는 것이었다. 답답해서 아빠한테 "아빠, 어딘지 아세요?"라고 여쭤봤더니 아빠가 "그럼, 알지. 가 봤지."라고 말씀하셨다. 아빠는 묵묵히 기다리셨다.

아침에 깨서 얼마 안 있다가 봉주한테서 연락이 왔고 나는 꿈 얘기를 들려줬다. 그가 해석을 도와줬다. "A.A.와 아버지와 관련된 경험이 일종의 고등학교네요. 저랑 보낸 3년은 중학교였나 봐요. 어제 들으면서 화 났다는 알코올 중독 경험담이(A.A. 모임에서 다른 남자 멤버가 한 경험담을 가리킨다. 그는 두 아이의 아빠였다.) 고등학교 입학식이었네요. 학교 이름은 모르는 것이 당연해요. 괜찮아요. A.A.는 드러난 곳이 아니고 A.A.에서 만나는 사람들은 익명을 쓰니까. 그리고 그 많은 사람들 하나하나가 다 학교라 이름이 너무 많으니까. 아버지가 걸어 오신 것과 같은 경험에서 아버지를 만나고 배우고... 그래서 아버지는 가 봤다고 하신 것 같아요. 졸업 축하하고 입학 축하해요. 심지어 합격이라니. 토요일에 꽃 선물 할게요."라고 말해 줬다. 너무 고마웠다. 지금 생각하니 꿈속의 학교가 용인 소재

학교라는 것도 이해가 간다. 용인 세브란스 병원에서 빅북(『익명의 알코올 중독자들』) 스터디 모임이 열리고 있고, 거긴 A.A. 올드 멤버 선생님들이 계신 곳이니까. (2024)

강으로

아빠, 엄마 찾으러 갔다 올게요. 강가에 계실 거예요.

 아이는 침착하려고 애쓴다. 침착하다는 게 무슨 뜻인지는 몰라도 엄마를 잃어버리면 안 된다는 건 안다. 아이는 엄마를 잘 안다. 엄마가 사라지면 어디에 있는지 안다는 의미에서. 아이는 아파트를 나서자마자 강가로 달려간다. 빨강, 노랑, 파랑으로 칠해진 놀이터를 그대로 지나친다. 심장이 빠르게 뛴다. 쿵쾅쿵쾅. 엄마- 엄마! 소리치며 엄마를 찾는다. 얼마 안 가서 저쪽 벤치에 앉아 있는 엄마를 발견한다. 오늘도 엄마는 멀리 가지 않았다. 벤치에 가까워질수록 걸음을 늦춘다. 숨 죽이며 다가간다. 2인용 나무 벤치에 기댄 등이 보인다. 부드럽게 둥글린 어깨 선이 평평한 수면과 겹쳐진다. 아이는 그 친숙한 곡선을 보고 안도한다. 엄마에게 달려가 와락 안기고 싶은 마음과 엄마를 방해하고 싶지 않은 마음이 잠시 충돌한다. 1초, 2초, 3초. 엄마... 엄마가 천천히 돌아본다. 아이를 올려다보는 엄마의 얼굴은 젖어 있을 때도 있고 말라 있을 때도 있다. 아이는 엄마의 눈을 깊숙이 들여다본다. 잔잔한 강물이 비춰 보인다. 흘러가는 속도를 짐작할 수 없는 강처럼 알 수 없는 엄마의 마음이 소리 없이 흘러간다. 아이는 엄마가 집에 돌아갈 생각인지 알 수 없어 초조하다. 조심스럽게 엄마를 바라볼 뿐이다. 엄마 곁에 아이가 앉는다. 숨을 고르고 강물을 바라본다. 은빛으로 빛나며 주름지는 강을 눈에 담는다. 아이는 직감으로 안다. 이 순간은 너무 슬프지만 꼭 필요한 시간이라는 것을. 엄마가 엄마가 아니고 아내도 아닌 지금이 엄마에겐 절실하다는 것을. 아이는 엄마에게 물어본 적이 있다. "엄마, 뭐해요? 왜 그래요?" "나를 찾고 있어. 나는 누굴까? 모르겠어." 아이는 왜 강가에서 나를 찾느냐고 묻고 싶었지만 엄마의 시선 끝에 무슨 힌트가 있기라도 한 것처럼 입을 다문다. 아이가 더 이상 아이가 아니게 된 순간이다. 아이는 너무 빨리 늙어 버린다.

언젠가 엄마는 아이에게 말했다. "아주 어렸을 때, 말도 하기 전에 너는 엄마를 이해하는 것 같았어. 아기가 그런 눈으로 엄마를 봤어. 말하지 않아도 다 안다고, 꼭 그렇게 말하는 것 같았어. 아주 깊숙한 소통이 됐지. 우리는. 비언어적인 방식으로." 어른이 된 아이는 울컥 한다. 지금 아이는 말과 글로 먹고산다. 말과 글로 할 수 없는 것이 너무 많다는 걸 알 만큼 자랐다. 아이는 일생에 한 순간이라도 엄마와 통했던 적이 있다는 사실에 이루 말할 수 없는 감사를 느낀다. 아픈 감사를.

엄마는 '나'를 찾았을까? 그때의 엄마를 떠올리면 축축하고 느린 공기가 느껴진다. 엉엉 울지 않아서 더 슬퍼 보였던 젊은 엄마를 생각한다. 그런 생각을 하면 어른 아이는 다시 어려진다. 엄마와 함께 강을 바라보는 것 말고는 할 수 있는 게 없었던 그 순간으로 돌아간다. 아이는 엄마를 잃어버렸다가 되찾는다. 어떤 때에는 엄마가 안 보이기를 바랐다는 사실을 기억해 내곤 서늘한 충격을 느낀다. 그때 아이는 엄마가 더 멀리 가기를 바랐다. 강물을 튀기며 날아오르는 흰 새들처럼. 멀리멀리 갈 수 있기를. 지금 엄마는 어떨까? 꿈속에서 나는 연습을 한다는데. 꿈에서라도 자유롭게 날기를. 나를 두고 가도 괜찮다고, 아이는 웃으며 엄마에게 손을 흔들어 준다. (2024)

숨 시리즈 10
자아들
© 홍예지 2024

초판 1쇄 발행 2024년 3월 27일

지은이 홍예지
펴낸이 홍예지
편집 홍예지
디자인 표지 산타클로스, 본문 홍예지

펴낸곳 아름다움
출판등록 2018년 1월 8일 제2024-000054호
주소 06233 서울특별시 강남구 강남대로84길 23, 제1214호
전자우편 areumdaumbooks@gmail.com
팩스 02) 6008-6477
홈페이지 areumdaumbooks.modoo.at
인스타그램 @areumdaumbooks

ISBN 979-11-91304-13-8 (03810)

이 도서의 판권은 지은이와 아름다움에 있습니다. 이 도서 내용의 전부 또는 일부를 재사용하려면 반드시 양측의 서면 동의를 받아야 합니다.